如何

3年獲利100％的紀律投資術！

賺高股息ETF及科技基金

U0072604

詹璇依◎著

CONTENTS

粉絲的 10 大投資問題，
小姐姐來解答！

Q1　我買的定期定額商品，可以全是同一個品牌嗎？

Q2　什麼扣款方式，能輕鬆做到用基金養基金呢？

Q3　定期定額標的，需要分散至幾檔才好？

Q4　平衡型基金怎麼篩選？母基金的股債比例又該如何？

Q5　為什麼母基金會是子基金的「金銀彈庫」？

Q6　主動基金費用比較高，為什麼小姐姐還推薦呢？

Q7　月配息基金 vs. 月配息 ETF 差別在哪？

Q8　美債 ETF 怎麼選才好？美國還沒確定要降息可以買嗎？

Q9　自營商嚴重賣超時，ETF 會大跌嗎？

Q10　請問投資的第一步，該怎麼做才好？

用兩個部位，
賺價差＆穩穩配息都能兼得

2022 年開始的升息循環開始不利於科技股，帳面上的報酬率有負有正，負數居多，一向追求高勝率的我看了很不是滋味。

隨著美國 2022 年第一季 GDP 呈現負值，顯示一個跡象：停滯性通貨膨脹正在發生，也就是通膨數據居高不下、經濟呈現衰退，一個「最壞的時代」即將開始。

2022 年末大家都認為，美國經濟在 2023 必然衰退，而中國終於解封，故 2023 年會呈現東升西降。結果 2023 年 11 月此書收尾之際，所有的經濟數據顯示，美中彷彿拿錯了劇本！美國仰賴強勁的就業市場，以及 AI 帶起的科技七巨頭旋風，

讓美國經濟好到一直升息也無傷大雅；反觀中國，則是受到內需疲弱影響，經濟上就算一直降息也救不起來。

而在 2023 年 10 月底的利率決策會議，暗示著聯準會在升息 21 碼之後，升升不息的週期將走向尾聲。但從聯準會最新利率決策顯示，2024 年利率將會維持在高原期，也就是 5% 的高利時代將成常態。這代表從投資週期來看，距離繁榮期跟擴張期的時間會更久，復甦期則會拉長。

再回頭來看，復甦期會是相對低檔的位階，我們沒辦法百分百買低賣高；但在投資行為上，金融市場一定會有週期，只要按照週期進行佈建，就能穩穩增加資產價格。

我的第二本書，主要談的是 ETF 與主動式基金（注）。因為大部分的人資金都有限，單壓任一個股所需承受的風險較大，而透過買進一籃子股票的商品可做到風險分散，所以我們強調的是擇時而不是選股。

注：第一本書為《我靠科技基金 4 年資產翻 3 倍》大樂文化出版，2021/11。

◆ 熊市中的操作策略，依然是「紀律」

說到擇時，我們將時間倒轉回到 2022 年，5/3～5/5 在聯準會宣布升息前夕，先是大跌接著大漲。5/5 終場道瓊指數大跌超過 1000 點，道瓊跟標普 500 指數跌幅都超過 3%，那斯達克指數與費城半導體指數慘跌 5%，道瓊、那斯達克指數雙雙創下自 2020 年以來的最大單日跌幅。

6/16 聯準會宣布升息，美股四大指數從技術線型來看通通跌入熊市，也就是從高點下跌 20%，債市再度遭到拋售，10 年期債息升破 3.1%。

2023 年 9 月利率決策公布之後，美國 10 年期公債殖利率來到 4.7%，創下 16 年新高，短天期兩年期公債殖利率則破 5%，持續象徵衰退的倒掛現象。台灣也將進入擺脫低利時代，進入升息循環，這些消息都代表「最壞的時代」到來。

雖然從歷史經驗來看，升息循環過後美股肯定會再起，大跌之後必定大漲。像是以科技股為主的那斯達克指數，落入熊市 3 年後為 52%，5 年後為 87%，10 年後平均報酬率達 328%。

在此情況下，代表至少在這三年內，我能從金融市場提款

的機會不大。因此除了落實定期定額累積單位數，持有的部分持續 hold ，更激勵我建構「被動收入」現金流的決心。

不過 2023 年的 AI 立了大功，在科技七巨頭帶動之下，美股那斯達克指數全年漲幅近四成，而台股加權指數漲兩成，2024 年儼然就是新一波多頭循環再起。

本書的出版，目的是要告訴大家在空頭市場，也就是所謂在熊市中，投資方向及策略要怎麼改變。我把先前在科技基金有超額報酬的部分都停利，基金部位維持百萬，堅持紀律持續定期定額。

❖ 只要做兩個部位，就能兼顧價差 & 領息

因為大環境差跟疫情的衝擊，建構被動收入非常重要，所以我除了原本成長股的投資配置外，開始研究配息跟現金流，選定金融股和高股息 ETF 入手。

原本是想從金融股下手，但因為升息預期導致金融股上演「瘋狂的高價」。像是 2022 年 3 月兆豐金飆到 45 元，不只變得昂貴且喪失高殖利率的優勢。因此便宜的高股息 ETF 就成為我的首選，選定 00878 為目標，這塊就是我的現金流水庫。

此外，我奉行是複利再投資。許多人是用股市做價差，而我主要的價差工具是基金，因為不會抓高低點，這部份就交給專業經理人來操盤。因此台股部位，反而是我「領息」的穩部位，也就是投入高股息 ETF 00878。唯一做價差的，就是透過市值型的 ETF 0050，如此簡單的兩個部位，就可以讓我們做到價差領息都兼備！

在這本書中，會教大家如何透過紀律，用台股史上創下「成長最快紀錄」的月月配 ETF、如今規模第三大的 00929，達成幫自己月月加薪的目標。也會教大家如何運用高股息 ETF，來計算幫自己月月加薪的所需張數。

但也別忘了，主動式基金永遠是最有爆發力的，所以一定要在核心部位，建構優質的台股基金以及美國科技基金，加速資產翻倍的速度。

準備好開始這趟翻轉財富思維的旅程了嗎，請先記得一句話：「要賺錢選主動投資，要舒服要享受選被動投資。」相信看完這本書，你就能理解箇中滋味！

前言

◆

從過往金融危機，
可以學習和反思的兩件事

◆ 全球市場不再適用於原本邏輯

2022 年，全球金融市場面臨這半世紀以來最嚴重的金融風暴，包含高通膨成為全球公敵、原物料價格飆漲、創新高的油價，甚至出現二十年來首見的歐元跟美元平價。

通膨翻轉市場邏輯，經濟過熱引發升息憂慮，每次的美國 CPI（消費者物價指數）開獎數字，成為左右全球金融市場的關鍵指標。傳統經濟學教我們，GDP（國民生產毛額）也就是經濟成長率越高越好，失業率則是越低越好。

但當美國 2022 第三季失業率轉正、失業率持續維持在 50

年低檔，市場繼續用大跌回應這些「經濟過熱」的現象：衰退是好消息，提高失業率是故意的，就連經濟成長太快也成了問題。傳統的「拚經濟」政治學，彷彿走進童話裡愛麗絲的鏡子，原本的邏輯不再適用，一切事情都反了過來，例如 2023 年的金價和美元。

傳統上，黃金長期和美元以及美債殖利率，應該是反向關係。但在 2023 年，卻是黃金跟美債殖利率同步走升，以及在升息帶動下美元走強，金價卻未見到走弱跡象。因為大家認為快速升息將導致經濟衰退，而選擇擁抱有避險需求的黃金，也因此又是一個理論與現實脫鉤的異常現象。

猶記得這天做了一個重量級訪談，來賓是路易莎創辦人黃銘賢。在訪談中我好奇的是面對 2022 年原物料高漲，做為業者針對成本轉嫁或調整的應對策略，甚至在疫情後還能夠生存下來的關鍵。

在會談中，我提及咖啡期貨兩年來漲了一倍。他則表示 2010 年，也就是雷曼兄弟事件過後，咖啡期貨價格是漲了三倍。意思是他已經經歷過漲三倍的衝擊，因此對於目前的漲價，有足夠的應變能力。

◆ 投資的風險 & 是否經得起時間考驗

我赫然發現經營企業其實也跟投資一樣，不只見招拆招，更要有相對應的政策。投資人也可以像黃銘賢一樣，從過往的金融危機，像是 2000 年的網路泡沫、2008 年的雷曼兄弟事件，從每一次的歷史經驗學習跟反思兩件事。

首先，在投資過程中考慮資產報酬的同時，也需要考慮到風險。雖然歷史不可能每次百分之百重演，但可以透過經驗預測未來，甚至做為借鏡。

因此投資人可以先思考，想投資的金融商品碰上股災時的表現，捫心自問這種下跌我可以接受嗎？這麼漫長的下跌期我撐著住嗎？如果不行，那就代表這種投資方式或是這個商品並不適合自己。

相反地，我在上一本書中也提到，我們在選擇主動基金時也是如此。因為一檔主動型基金的好壞，短時間內是看出不來的，得經過牛市、熊市的錘鍊後，在相當長的時間裡都保持好的收益，才有說服力。

Part 1

【觀念篇】

維持紀律和自律，
是我的理財秘訣

1-1

任何人都不該逃避的理財課

「我的數學當年學測成績只有 6 級分，這個數字還低於均標呢！」這是我到各處演講都會分享的故事，台下的人聽到這總是睜大眼睛。

接著我會說：「對啊！千萬不要因為數學不好就害怕投資理財，我數學很差，現在還能在這裡跟大家分享投資理財心法，我可以，你們當然也可以！」

❖ 盡早發現投資理財的重要性

　　大家還記得第一次領薪水的感覺嗎？我印象好深刻，那是第一次用自己勞力賺到屬於自己的錢。但當時根本不知道什麼叫理財，只知道花錢的快樂。隨著工作越久、年紀越長以及角色的轉變，「我必須理財」這樣的念頭，開始在腦中扎根。

　　讓我極力想透過投資理財快速累積財富，最大的原因是孩子。我發現其實媽媽們都有超能力，生了孩子之後除了是時間規劃大師，更變成財務規劃大師，從孩子的新生兒保險，進一步審視自己的保險。目的是希望能夠做到妥善的風險轉移，倘若真的發生意外，不要造成小孩的負擔。

　　開始研究保險後，想說也不難就去考了保險證照；開始投資基金之後，我也考了投信投顧的相關證照，考取的每個金融證照都有我的理由。

　　對我而言，理財、讀書、考試、投資，都是提升自己份量，充實自己內涵的方式。當你「知」的越多、擁有的越多，就會越有安全感，更不容易因為他人的三言兩語受騙上當，所謂「成年人的安全感是自己給的」這句話說得一點都沒錯！

　　某天回到老家，巷口大馬路上的麵包店歡慶 26 週年，我

腦海中想到的，除了兒時跟媽媽手牽手買麵包的回憶，下一秒就出現理財腦。

不禁開始思考：如果我 26 年前就知道投資理財的重要性該有多好；如果當時我已經開始投資 ETF；如果當時就買進美股基金⋯⋯或許在時間的催化下，創造出的效益或許早就讓我財富自由（笑）！

夢想總是美好的，千金難買早知道，還好至少我在 30 歲左右，開始發現投資理財的重要性。更重要的是，我幫孩子一出生就辦好屬於自己的戶頭，也開始幫他們規劃理財，彌補我自己失落的 26 年。也希望他們能盡早明白理財這堂課對人生的重要性，而我也有自信，我的孩子長大後不用為錢煩惱。

因為職業的關係，我可以近距離採訪許多資產豐厚的成功人士，無論是白手起家的企業家，或是接手家業的二代，甚至上市上櫃的大老闆。

從屢次的採訪跟專訪下來，我發現一件事：有錢人跟窮人最大的差別是——**窮人口袋裝的是用勞力賺來的錢，但有錢人擁有的是會用錢賺錢的腦袋。**

◆ 財富自由的重點，並不是「財富」

「人們手裡的金錢是保有自己的一種工具。」我非常喜歡這句話，有錢不只可以讓我們保有自己，也能擁有「自由」。因此我定義的財富自由不是不工作，而是不用為五斗米折腰，進一步來說就是不需要為錢工作，而是可以為夢想工作。

例如，「哎呀，畫畫賺不了錢啦！唱歌賺不了錢啊！」這類被視為非主流工作，時常會被長輩或是他人阻止，認為興趣不能當飯吃。但如果我們有足夠的資產無須為錢煩惱，就能支持夢想，保有自我、擁有選擇的自由。

近幾年 FIRE 運動在歐美間興起，更逗趣地可以說，當我們足夠 FIRE 就能 fire 老闆，前者的 FIRE 指的就是 Financial Independence, Retire Early（財務獨立、提早退休），後者當然就是開除的意思！

在歐美這種 FIRE 運動的意義，指一個人有足夠的個人財富，能在不需要工作的情況下，依靠所擁有的資產所產生的被動收入（如股票股息、出租房子的租金、自媒體創造出的營收），就得以持續生活下去的一種生活模式。

這些年輕人不用再為了社會期待而活，而能靠著簡約的生

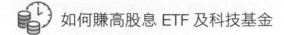

活,累積足夠的資產與被動收入及早財務獨立,追尋內心所求的事物。在台灣就是我們說的「財富自由」,達到財富自由後,就可以減少對工作的依賴,掌握更多人生的選擇權。

1-2

別想著退休，要想著財富自由

在提到如何實踐財富自由之前，我們要先認識這一張圖。

圖表 1-1　ESBI 財富象限圖

Employee 員工 為別人工作，追求一份穩定薪水	Business owner 企業家 建立企業，由企業為自己賺錢 創業
Self-employed 自營者 為自己工作，做一天就賺一天的錢 事務所、工作室等	Investor 資產家 讓錢為自己工作，用錢滾錢 股票、基金、房地產等

在《富爸爸·窮爸爸》系列書中，提出如上的 ESBI 象限，將個人收入來源分為 4 種，並畫成一個象限圖。

圖中有 4 種收入來源，分別為受雇的員工（勞工）、自營者（老闆、創業家）、企業家（資方）、資產家（房東、股東、職業投資人）。看完想一想，你自己屬於哪類人？又夢想成為哪類人？

沒錯！90% 的人，都擠在左邊的 E 象限和 S 象限，也就是屬於員工和自營者，但他們只擁有世上 10% 的財富。相對地，世上 9 成的財富擁有者，都集中在右邊，也就是企業家與靠被動收入生活的資產家。

◆ 被動收入 vs. 主動收入

整體來說，**累積財富的方式具體而言有三種：用勞力賺錢、用腦力賺錢，以及用錢賺錢。**

大部分的人都在左象限，無論是一般員工或接案者，都是屬於用勞力賺錢，主要收入是每個月固定入帳的薪資，以及靠著接案獲取的報酬。

接案工作者跟一般員工相比，可以不用每天趕打卡或花費

大量通勤時間，而是靠腦力或專屬的知識技能，開設個人工作室或是接案，來創造非薪資收入，等於是進一步跨足到靠腦力賺錢的階段。但這兩個象限的收入來源大多為主動收入，也就是需要花費時間與勞力才能獲得報酬。

右上象限的企業家，可視為接案工作者的進階版。規模大到足以成立公司企業，甚至雇用員工，讓員工替你賺錢。不過要承擔的壓力，是另一種身為老闆的心理層面管理壓力。但這階段已經有被動收入，也就是不用每天辛苦工作，也會有穩定的收入。

只是，想當老闆並不容易，根據經濟部中小企業處創業諮詢服務中心統計：一般民眾創業，1 年內就倒閉的機率高達 90%；而存活下來的 10% 中，又有 90% 會在 5 年內倒閉。也就是說，能撐過前 5 年的新創公司只有 1%，陣亡率高達 99%。

尤其在創業初期，公司沒有達到一定規模前，通常是老闆兼工友兼打掃，除了領微薄的薪水甚至不支薪，還凡事都必須親自決策、親力親為。一旦放手，好不容易長出的枝芽可能就會枯死，這種就不是理想的被動收入系統。

好的被動收入系統，其特性是一旦建構起來，後續只需花

少部分時間及精力去維護，就可以運作很順暢。這麼一來，我們才能享有真正的財富自由、心靈自由。但如果這套系統需要極大的時間與精力去維護，那就不是一套好的系統，因為它無法讓我們輕鬆享受人生。

◆ 建構「用錢賺錢」的被動收入系統

誠如巴菲特所說：「如果你沒辦法在睡覺時也能賺錢，就會工作到死掉的那一天。」所以**被動收入也稱為睡後收入，因為即便在你睡覺或到處旅遊時，系統都能持續幫我們印鈔票。**

所以最終，我們一定得邁入跟盡早開啟用錢賺錢的資產家階段，讓自己就算不靠勞力工作，或是真的出了意外也能持續有收入，這個當然是指生存層面。

但用錢賺錢的深層意義，是讓我們獲得「自由」。所謂的自由如同上一節所提到的，不代表我們能夠為所欲為，但對於不想做的事，就可以直接拒絕不做！

透過一開始的 ESBI 象限圖和以上說明，大家應該能理解主動收入、被動收入的差異，以及達到財富自由的途徑了。財富自由的途徑就是透過主動收入，建構一個好的被動收入系

統，讓系統產生被動收入，並逐步取代主動收入的過程。

那麼，我們究竟需要多少被動收入，才能達到財富自由呢？看完這本書，相信大家心裡會有底。

最近幾年退休金制度一再修改，在可預見的未來，退休金制度只會越來越嚴峻，個人的退休生活保障將越來越低，本書最後也會探討台灣勞退跟勞保的差異。不論你的需求是想提早退休，或是在退休後有一定程度的生活保障，都必須靠自己建構用錢賺錢的被動收入系統，來支應未來所需的花費及抵抗通貨膨脹。

前往財富自由的途徑「用錢賺錢」，是需要耐心的，而且還需要花一點時間培養。此外，在這條路上，需要先確認我們所做的是不賠錢的投資，這才有助於建構被動收入系統。

下一章節我們就來聊聊該「無惱」投資？還是「無腦」投資？

1-3

該「無惱」投資，
還是「無腦」投資？

　　小孩子才做選擇，我兩個都要！在基金投資方面就是我的「無惱」投資，只需要選好標的、紀律扣款。而這本書的重點──買進 ETF，又更棒了，完全就是「無腦」投資。

❖ 理好財再來投資

　　但在選擇無腦或是無惱投資之前，我們都該先做好理財規劃。**投資有風險，但理財沒有，所以請記得先理財再投資。**所謂理財，就是把手邊擁有的資產進行規劃，無論是 3 萬、30

萬或 300 萬，都要規劃！

　　理財包含投資，投資只是理財的一環。至於理財要理什麼呢？就是將我們所有的收入跟支出達到平衡，甚至產生結餘。收入像是薪資或是股息，而支出就是日常生活開銷，或是固定的貸款支出，舉例如下。

- **收入**：可能來自薪資、存款利息、股票債券配息、房租或處分資產所產生的資本利得等等。
- **支出**：可能包含日常生活開銷（吃喝玩樂）、負債（房貸、車貸）的還款、保險及醫療費用、其他不可預期的事件、處分資產產生的虧損等等。

　　而理財就是指管理上述提到的財富，使各項收入與支出達到平衡，甚至產生結餘的過程。

　　那投資的定義又是什麼呢？我簡單說明投資的定義，就是「用錢賺錢」。更進一步的解釋就是「我們拿金錢買入資產，使資產產生收益的過程」。

　　發現了嗎？其實投資的範疇比理財簡單多了，投資的目的就是為了賺錢，而理財卻得將各種收入與支出達到平衡，甚至

產生結餘。所以理財實在是一門大學問，而投資只要選方法，就能實踐用錢賺錢的目的。

相信經由以上的說明，大家就能理解投資與理財的關係了。**投資只是理財的一部分，但多數人只著重投資這塊，忽略整體財富收支平衡的重要性**，所以會產生很多問題，進而影響到投資成果，比如以下三種情況：

1. 花光生活必需的開銷之後，發現沒有結餘資金可以投資，也就是所謂的「月光族」。
2. 負債比資產還多：資產產生的收益遠不足以支付負債利息，甚至侵蝕本業收入，陷入負向循環。
3. 沒有足夠的保險及生活預備金：若突然發生非預期事件，可能需要變賣資產支應，導致一生累積的心血毀於一旦！

所以我常提醒大家，想要開始投資理財，一定要先準備好生活預備金跟保險金！

❖ 請先準備好一筆生活預備金

最後關於投資理財，我們可以簡單理解為：理財是使個人財富收支達到平衡，甚至產生結餘的藝術。而投資是用金錢買入資產，使資產產生收益的過程，所以任一項都不可偏廢。

第一件事情：請先準備好生活預備金！儘管在通膨時代現金越來越薄，但錢有其必要性，所以我們要先留好必要的資金，最基準的算法如下。

如果已經有小孩，我建議至少要備有 40 萬，假設一個月家庭基本支出 6 萬（包含孩子教育費、保費、房貸、基礎生活費），半年約 36 萬，抓個整數就是 40 萬。存款和現金只需要這些就夠了，因為只做存錢這件事是無法抗通膨的，我們主要的目的是累積資產。

但大家要先知道資產的定義，資產的意思是能替你帶來價值的東西，可以帶來現金流更好。因此好的資產就像是買房子出租、買進優質 ETF 領息，或是透過經營網路商店成為小型電商。也就是當你在睡覺時，還能持續為你帶來收入的，這些都叫資產。

你可能會問，那車子呢？車子普遍被視為負資產，但如果

車子是你的生財工具，例如你是 Uber 司機，車子讓你可以接送乘客而帶來收入，這就是好的資產。

當你明白了資產跟負債的意義，就更能理解下述的意義：

- **自由**：只要你想要，就有能力在你想要的時間、與你想要的人做你想要的事。這樣的能力是無價之寶，也是金錢付給你最高的紅利。
- **財富**：是你看不到的資產，真正的價值在於讓我們擁有選擇權，同時能看到未來增值的潛力，而有生存的底氣。

「今天我可以做任何我想做的事。」這攸關我們對生活幸福的感受程度，也是**金錢最重要的實質價值──賦予你掌控時間的能力**。為了得到這種能力，持續地儲蓄和投資有了意義，能讓你在未來擁有對時間的掌控、對生活的從容。

具體來說，當你累積了一小筆財富，意味著生病可以請幾天假，而不會戶頭沒錢；當你擁有更多一點財富，意味著你不擔心被裁員，因為在下一次的工作機會來臨前，還有充足的資金和時間來準備。當你擁有更多財富，甚至可以在你「想要」

的時間退休，而不是在「必要」的時間才能退休。

　　更能掌控自己的時間與選項，正成為世界上最有價值的一種貨幣。除了用金錢買奢侈品，懂得用金錢兌換更多時間，可能是更有價值的用錢方式。

1-4

讓你在戶頭留住錢的，是「紀律」和「自律」

千里之行始於足下，我遇過不少人跟我說：「璇依我沒錢啊，怎麼投資？」這時我就反問他：「你怎麼會沒錢呢？你有收入啊！」

每個月將你賺到的錢，挪出一部分去投資，透過時間用錢滾錢，才能有效累積資產。**在投資市場中，沒有買到並不可惜，買錯了才要命**。如果我們交易有計畫，並按計劃執行交易，儘管面臨負報酬一樣能夠吃好睡好。理由很簡單，就是口袋有錢，而錢就是膽。

但光靠儲蓄累積財富會非常辛苦，例如，退休金一般來說

需要 1 千 5 百萬元，在六都買兩房一廳至少也要1千5百萬元，光是這兩項加起來就要 3 千萬元。以 25 歲的年輕人為對象估算，就算 65 歲退休，用 40 年的時間準備，每月也得存 62500 元才夠，這數字一般薪資族很難負擔得起。

　　但如果可以善用投資的力量，就可以省下很多的力氣。即便是每年的投資報酬率僅設定為 8%，每月只需投入 9314 元就足夠，兩者差別之大是難以想像的。

　　你可能會問，退休金真的需要 1 千 5 百萬那麼多嗎？其實這只是一個讓大家努力的方向跟目標，畢竟每個人對於生活品質的要求不同。事實上，只需要朝達成所得替代率百分百的方向努力，大約 6 百萬就足夠。針對退休金池的準備方法，我在最後一個章節會做更多說明。

◆ 必須學會「處理金錢的能力」

　　經濟學課本有一句話：「資源有限，人的慾望無窮。」人們想要消費的項目很多，但收入有限。因此事先編列預算、有多少錢花多少，才是正確而聰明的理財。

　　不論你的工作收入有多少，都應該強迫自己挪出部分金額

投資，不只是單純存錢。因為所得分配不在於你的收入多少，而在於你的花費多少，以及最重要的——每個人的自律程度。也就是說，**想要變得富有，很大一部分得靠自律。**

以每個月存 5 千元為例：

1 年可以存 6 萬元（5000 元×12 個月＝60000 元）

7 年就可以存 42 萬元（60000 元×7 年＝420000 元）

從上述公式看起來存錢並不難，但很多人做不到，因為這需要一定程度的自律。如果不想終其一生看別人臉色而活，必須學會「處裡金錢的能力」，所謂處理金錢不只是賺錢跟理財這兩樣而已，還要有一種「定見」。

這種定見我稱為自我判斷的能力，培養自我判斷的能力靠的就是知識跟信心。所以一定要拓展跟充實金融常識，才能不被任何耳語動搖，也不會害怕金融風暴或是股災來襲，而持續享受生活、得到想要的自由。

也就是說我們要先搞懂一個概念：必須先清楚投資目的是什麼、投資初心又是什麼，自己到底是想要以低買高賣的方式賺取資本利得，還是要靠高息低波的定存股賺取現金流。

當你心裡清楚這幾件事，就不會因為買在 19 元的 00878 而懊悔，也不會在 0050 漲到 150 的歷史高點進場。（為什麼不會因買在 19 元的 00878 懊悔，之後的篇章就會介紹「零成本存股」的概念）。當你有了定見，就不會因為看到他人投資的個股大漲，自己持有的資產聞風不動而患得患失。

◆ 不用捨棄享樂，但要能延遲享樂

在電視台工作的時候，都會有服裝助理幫忙打點服裝、陪伴我到攝影棚、確認上鏡的狀態。某天有位服裝助理妹妹問我該怎麼投資，針對新手我告訴她，開始月扣 3 千元定期定額就可以。

妹妹進一步說，主播姐姐我有存款 100 萬，我聽到後大吃一驚。原來她從五專時期就開始半工半讀，算下來每個月平均薪資大約 2 萬至 3 萬，工作了 8 年，竟然可以有 100 萬的存款！

我換算一下，8 年要存到 100 萬，等於每年要存 12.5 萬，平均每個月得存 1 萬元。問了一下這個妹妹生活得很困苦、一毛不拔嗎？其實不然，當然她住家裡省了房租和水電，但很懂

得延遲享樂，很清楚自己想要跟需要的，這 8 年期間也出國玩了 3 次。**可見存錢並非等於放棄花費，重點在於怎麼支配自己的金錢。**

如果你是個都沒存錢的人，就從下個月薪水開始存起吧！強迫自己存下 2 千元，甚至 1 千元都好。凡事起頭難，從 0 到 1 是最困難的，當你開始存下第一筆存款之後，第二個月、第三個月持續下去，就會相對容易了，例如以下這個富人存錢公式。

富人存錢公式：收入－（儲蓄＋投資）＝ 支出

要提醒各位的是，理財不是只有存錢，存錢只是理財行為的其中一種。作為七年級生的代表，我深感資訊發達弭平了散戶跟法人外資之間的距離。當然若以財力來看還是差了一大截，但就參與市場的面向跟方式，都不再是遙不可及。

以我自己為例，第一次買的零股就是台積電，持有成本是 208 元，買了之後我就忘了它，一直到 600 元的時候才賣掉。雖然報酬率超過兩倍，但當時只有少少的 20 股。之後再次買入台積電時價位是 450 元，我的資金已經可以買 500 股，這就

是本金大小的重要性，無論報酬率多少，本多終勝！

◆ 善用投資累積財富

隨著網路普及，以及各種通訊軟體興起，散戶也可以快速取得資訊，互通有無。加上政府規定資訊必須充分揭露，散戶也能在每日收盤後得知外資與投信的動向，法人的優勢逐漸喪失，所以當你開始有儲蓄習慣之後，就能進行投資。

投資與儲蓄最大的差異，就是複利以及投資報酬率。我很建議年輕人一定要及早開始投資，因為年輕投資人最大的優勢在於時間。越早投資，越能享受複利所帶來的巨大威力。

投資是一種觀念、一門學問，要學習企業家的投資方式，在自己可承擔的風險下求取最高報酬，是邁向財富自由的不二法門。

至於紀律的部分，我舉一個在 2022 年發生的實際案例。6/16 凌晨兩點，美國聯準會（FED）公布利率升息 3 碼，美股大漲回應。台股當天開高大漲近兩百點，但開高走低，最後終場下跌 160.64 點失守萬六，高低點震盪 370 點！

我們光看 00878 一天之內的高低價格，最高 17.55元、最

低 17.23元、收盤價則是 17.25元。一天的高低差是 0.32 元，買 10 張就差了 3 千元。

　　而所謂紀律就是在固定時間，無論價位高低定期定額扣款。後來我在券商定期定額買進的價位是 17.4 元，算是當天的中價位。可見我們無法掌握報酬率，能做的就是紀律！

主播小提醒

無論薪水高低，戶頭裡的錢不是有存款的保證，自律才是。

Part2

【知識篇】

雞蛋不放在同個籃子裡，
小白最適合買 ETF

2-1 投資小白 5 分鐘認識 ETF

❖ ETF 也是「基金」的一種

ETF 的全名是 Exchange Traded Fund，我將他的中文名字定義為：可在股票交易所買賣的指數型基金，以下分為三階段解析。

所謂指數，就是 ETF 是追蹤某一指數表現。股票指的則是買賣 ETF 的方法，跟股票一樣直接在證券交易所交易。最後看到基金，也就是 Fund 這個字！沒錯，ETF 跟璇依上一本書主寫的商品「基金」一樣，ETF 也是共同基金的一種！

　　兩者都是基金，那麼差別跟共同點在哪呢？先說這兩者的**共同點，就是都持有一籃子股票**，所以可以幫助投資人分散風險！

　　差別在於 ETF 是被動追蹤某一指數表現的共同基金，其投資組合儘可能地完全比照指數的成分股組成，並且在集中市場掛牌，如同一般股票交易買賣。也就是說開好證券戶就能買賣 ETF，價位是分秒變動。

　　而主動型基金是經理人主動挑選個股，沒有限制更換頻率，買賣要透過基金戶，價位則是一天只有一個淨值。

　　主動型基金和 ETF 相比的結果，前者通常會帶來超額報酬，也就是主動型基金的績效會比較好，由表 2-1 來看更清楚。

❖ ETF 的追蹤指數有 3 大類

　　了解兩者的差異後你會不會好奇，上述提到 ETF 是「被動」追蹤指數，而主動型基金是經理人「主動」操盤，那麼 ETF 追蹤的指數從哪來的呢？

　　ETF 追蹤的指數，是由發行的投信公司和指數公司共同討

圖表 2-1　ETF 與主動型基金的比較

	ETF	主動型基金
投資方式	依照追蹤規則，被動式選股	基金經理人選股
投資平台	證券商平台、銀行	基金平台、銀行
績效反應	整體市場、追蹤指數的變動	基金經理人的投資能力
管理費	0.1~0.2%	0.2~0.3%
交易手續費	0.1425%	0~3%
證交稅	0.1% 債券型 ETF 免徵證交稅	無

論而成。要記住，發行 ETF 的公司跟編制指數的公司，基本上是不同的！常見的指數分類為以下三大項（分類依據參考台灣指數公司）。

- 市值參考型：著重反映成分股發行市值變動，例如，大家最耳熟能詳的「台灣公司治理 100 指數」。
- 市值投資型：使用與市值參考型不同的規則來調整係數，以維持指數的連貫性，例如，臺灣 ESG 高息等權

重指數、台灣高股息指數。

- smart beta 型：以不同報酬驅動因子，替指數成分股篩選或加權條件，例如：特選台灣科技優息指數、特選高息低波指數。

❖ ETF 如何追蹤指數？

ETF 複製指數的策略，最常見的有以下 3 種：完全複製法、最佳化複製法、合成複製法。

- 完全複製法：是最傳統的方式，也就是完全複製指數，成分股 ETF 直接持有該指數 90% 或以上的成分，完全複製追蹤指數的成分以及權重。其優點是貼合追蹤指數績效，缺點是有較高的交易成本。
- 最佳化複製法：此策略常見於追蹤指數成分股繁多、不易全數複製的情況下，也因此做法是涵蓋少於指數九成的成分，建構一個與追蹤指數類似的投資組合。其優點是能降低交易成本，缺點是易與追蹤指數的績效差距較大。

- 合成複製法：是最新的操作模式，但其中也潛藏較多風險。主要是透過金融衍生性商品複製指數報酬，不直接持有成分的現貨，會有流動性風險以及交易對手風險。

❖ ETF 適合各式各樣的投資人

那為什麼 ETF 開始受歡迎成為顯學呢，有三大主要原因。

第一，參與方式容易，ETF 跟一般股票交易方式相同，只要有券商戶就可以買。可整張買或是零股買進，也可以透過券商以定期定額的方式買進。

第二，適合不會選股的投資人，可以分散風險。

第三，有多種類型能滿足投資人不同需求，例如，市值型、股息型、主題型等。

總結來說，ETF 本質為基金商品，卻能在證券交易所中進行交易，並以股票的型態保持高度買賣彈性，也因此可說是適合各式各樣的投資人，由表 2-2 來仔細說明。

圖表 2-2 **ETF 適合各族群投資**

族群	特性	適合投資原因
小資族	ETF 有一籃子不同標的的特性，特別適合手上資金有限，又想投資不同類型股票以分散風險的小資族	搭配定期定額的長期投資方式，或是用年終獎金加碼單筆投資，小小資金也能滾出大大未來
上班族	因為工作關係無法時刻盯盤，ETF 標的會依照追蹤指數的主題和規則調整、適時汰弱留強	不須投資人主動更換投資標的，可邊上班邊達成獲利目標
投資新鮮人	ETF 追蹤指數包含各產業，有範圍廣泛、成分透明、追蹤大盤指數且分散投資等低風險特性	具備低風險特性，是投資入門的好選擇
專業投資人	對於產業趨勢高敏感的專業投資人，可藉由 ETF 組合佈局投資規劃。且 ETF 交易稅相對低廉，可節省投資成本	月月配的 ETF 儼然成為新寵，月領兩萬合理節稅
一般散戶、菜籃族	這類族群大多無法自己選股，又常聽信明牌當韭菜	透過 ETF 就不需花心思研究個股，也能確保至少有貼近大盤的收益
退休族	有閒置資產想要投資，又怕股市震盪的高風險	選擇配息穩定的 ETF，過往績效能勝定存，還能打造現金流

47

　　發現了嗎，無論是投資新鮮人、小資族或股市老手、保守派，只要選擇適合的標的和主題，ETF 幾乎是適合全族群的投資產品。

2-2
ETF 的 3 大選擇重點──
種類、市價和折溢價

❖ ETF 的幾大類型

ETF 可分為以下幾大類。

1. 股票型：單一國家指數、區域指數、產業指數或特定主題的指數。例如，最知名的「國民 ETF」元大台灣卓越 50 基金（0050），是追蹤台灣前 50 大市值上市公司，就屬於股票型 ETF。

2. 區域型：投資特定區域的 ETF，如歐洲、亞洲等區域。例如，元大歐洲 50（00660）。

3. 單一國家型：投資個別國家的 ETF，如台灣、美國、中國、印度、日本等。例如，國泰中國 A50（00636）、富邦日本（00645）。

4. 產業型：投資特定產業的 ETF，如半導體、科技指數、金融指數等。例如，統一 FANG+（00757）、元大台灣金融（0055）。

5. 主題型：投資特定主題的 ETF，如高股息、電動車、AI、ESG 等。例如：國泰永續高股息（00878）、富邦未來車（00895）、永豐 ESG 低碳高息（00930）。

6. 商品型：透過期貨提供投資人原物料等商品的報酬，標的有能源、貴金屬、農產品等。

   - 能源 ETF：期元大 S&P 石油（00642U）。
   - 貴金屬 ETF：期元大 S&P 黃金（00635U）。
   - 農產品 ETF：期街口 S&P 黃豆（00693U）。

7. 債券型：追蹤、模擬或複製之標的指數成分為債券，提供投資人債券指數的報酬。投資人可以依據信用評等、投資地區、特定產業等選擇。例如：中信高評級公司債（00772B）、元大美債 20 年（00679B）。

8. 匯率型：追蹤單一貨幣或一籃子的貨幣，讓投資人可以分

散外匯市場風險、對沖貨幣的風險，例如期元大美元指數
（00682U）。

❖ 淨值 & 市價各代表什麼意思？

我們先前提到 ETF 的價格是分秒變動，那也許你又想問
了，既然 ETF 是買進一籃子股票，那價格是怎麼來的呢？

我們都知道個股的股價，大多用 EPS（Earnings Per
Share，每股盈餘）來估算股票的合理價值，通常 EPS 越高，
代表公司獲利能力越好。但 ETF 是一籃子股票，怎麼透過獲利
來推估股價呢？接下來小姐姐就要說給你聽。

1. 淨值

因為 ETF 本質上是一種基金，所以跟主動基金一樣，會
有個原始價格叫做「淨值」。ETF 是由一籃子股票所組成，將
裡面的「資產加起來」除以「發行在外的總單位數」，得出來
的價格就稱為淨值。

2. 市價

另外，ETF 可以直接在股票市場上交易，也就是大家在 google 看到的股價，這個價格稱為「市價」。ETF 的市價是一般散戶在看盤軟體看到的價格，就是在次級市場交易的價格。

3. 次級市場和&初級市場

一般投資人在股市中買賣看的是市價，交易的地方稱為「次級市場」，次級市場就是證券交易所，也就是你我交易的地方。

有次級市場當然就有「初級市場」，初級市場的參與者都是大公司、大型機構、銀行等，一般投資人無法參與。在初級市場就是用淨值做交易，換句話說就是價格不會買貴。

不過初級市場只允許參與證券商申購和買回，其他投資人想參與就得委託進行。雖然初級市場能保證不買貴，因為買的就是淨值，不過一次得負擔 50 萬個單位（注）。

了解 ETF 的價格有兩種後，那我們就要進一步認識 ETF

注：此由發行 ETF 的投信公司制定，多數為 50 萬單位（500 張），假設 0050 淨值 120 元，等於要先有 6 千萬元才有資格參與。

的折溢價，學習從基金淨值找出折溢價差，免得自己買貴了而不自知。

❖ 看懂折溢價，就不可能當韭菜

說到 ETF 溢價這個詞，在 2023 年被廣為討論，主要就是因為 2023 年利率來到相對高點，也就是債券價格的相對低點，因此投資人資金湧入債券 ETF。

我們用累積至 2023 年 9 月底的數據來看，2023 年債券 ETF 的受益人數暴增，超過 70 萬。相較於 2022 年底的 15 萬，增加了 3.6 倍，規模突破 1.7 兆元大關。

其中成交量最大的是 00679B（元大美債 20 年），規模突破 1100 億，名列國內債券 ETF 冠軍。也因為資金都湧入這檔債券 ETF，導致 00679B 在 2023 年 5 月跟 8 月時，一度出現大幅溢價的狀態，如圖 2-3 框起處。

為什麼會出現溢價的狀況呢？ETF 的價格由基金淨值掌控，請記住我們要以「淨值」為基礎，當兩者出現落差時我們稱為溢價差。5 月份時 00679B 發行量已達額度上限，基金公司需以美元去購買 ETF 海外成分股。

圖表 2-3 折溢價怎麼看

00679B（元大美債 20 年）

	昨收	最新	漲跌／漲跌幅
市價	8/2 31.23	30.89	▼ 0.34（-1.09%）
淨值	8/2 30.6601	30.1095	▼ 0.5506（-1.80%）

折溢價	即時追蹤差距
0.78（2.59%）	NTD 0.02‰

但因海外買賣受到央行管制，要提高額度申請，需等央行放行才能過關。而此段時間 ETF 規模沒辦法立即擴大，想買的投資人買不到，短時間內就會造成大幅溢價的情形。

那麼溢價的影響是什麼呢？溢價就是投資人買入的價格超出這檔標的原本的帳面價值，**用最白話來說，溢價就是買貴了，反之則稱為「折價」。**

- 以比淨值更低的價格購入 ETF，稱為「ETF 折價」。
- 以比淨值更高的價位購入 ETF，稱為「ETF 溢價」。

相關的即時資訊在投信官網都可查詢，如圖 2-4。

圖表 2-4 ETF 淨值可在投信官網查詢

資料來源：國泰投信／ ETF 專區

　　進一步整理，折溢價能視為 ETF 昂貴或便宜的依據：折價代表 ETF 市價被打折，溢價則是 ETF 市價比淨值還貴（折溢價在 1% 以內算正常）。

　　因此如果折溢價以「市價–淨值=0」作為分界，小於零就代表折價（相對便宜），大於零則是溢價（相對昂貴）。

- **市價＜淨值，稱為折價**
- **市價＞淨值，稱為溢價**

◆ 自營商賣超，代表買盤踴躍

1. 造市

　　理解折溢價之後，我們還要進一步知道一個重要的名詞「造市商」。什麼叫「造市」，白話來說就是創造市場，也就是想辦法創造市場、創造交易讓投資人想買買得到、想賣賣得掉。

　　過去在金融市場看個股，我們會從基本面、籌碼面、技術面這三個面向來看。所謂籌碼面，就是每天三大法人的買賣超。**三大法人分別是外資、投信、自營商，以上也是資金規模由大到小。**

　　三大法人因為資金規模和操作方式不同，對投資人而言，通常會建議如下的操作方式。

（1）喜愛快進快出的投資朋友，建議透過觀察自營商買賣超來尋找標的，或避開他們正砍出的股票。

（2）習慣中長線且以大型股投資為主的投資朋友，建議以外資買賣超當依據，來尋找標的。

（3）習慣中長線投資但偏好中小型股者，則建議觀察投信的個股買賣狀況。

2. 買超 vs. 賣超

雖然ETF跟股票一樣都能在公開交易市場買賣，但觀察ETF值不值得買進，並不能從籌碼面來看。反而要有另一種思維，尤其要特別觀察三大法人中的自營商。直觀來說，賣超代表市場看好；反之，買超代表投資人拋售這檔ETF，也就是較不看好後市。

所以之前就有粉絲焦急地問我：「自營商怎麼一直賣超00878，是不看好嗎？」首先，我們要先理解 ETF 是投信發行的，例如：00878國泰永續高股息，是由國泰投信發行；00929復華台灣科技優息，是由復華投信發行。

而投信不能直接賣股票到股市，所以必須經由造市商，也就是我們看到的自營商。當投資人買盤踴躍時，自營商就要一直供給股票出來。所以當下次你看到自營商賣超，就知道其實是市場上需求強勁，投資人買盤熱烈。

ETF 跟股票最大的差別，就是籌碼面完全無用，唯一能影響 ETF 股價的，只有成分股的表現。只有成分股股價的漲跌，才會影響 ETF 的淨值（股價），跟市場上的籌碼買賣無關！

因此那些消息面，例如說大戶放出好消息，誘使散戶買

進、割韭菜，其實完全不適用在 ETF 上。因為 ETF 的股價會維持在淨值附近，這就是造市商最主要的功能。

硬要說 ETF 割韭菜的發生，就是投資人明明知道溢價，還是執意買進，那就是投資人自己選擇要當韭菜了。會成為韭菜的最大的原因，其實就是知識不足，但還好今天你讀了這本書，能了解折溢價的原理，避免自己成為韭菜。

最後下個結論：買 ETF 真正該關心的，就是淨值、選股邏輯和產業前景。

主播小提醒

ETF 的價格只跟淨值有關係，不需要看籌碼面！

2-3

高股息 ETF 進入第三代，
你適合哪一種？

　　如果你沒有買過股票，對股息應該很陌生，所以我們先解釋什麼是股息。股息其實就是股利，我們當公司的股東就是投資者，而我們為什麼要投資這間公司就是看好公司前景。公司如果有賺錢就能發放股利，所以股利就是公司發給投資者的收益。也因此股利要拿得多，前提就是公司要賺錢。

　　比如你持有一張好優秀公司股票，一張為 1000 股。好優秀公司去年有賺錢，大方地發放股利給股東，宣布發放現金股利為 2.2 元。股利發放都是以一股為單位，因此持有 1000 股就可以領到 2200 元！

像這樣不用賣掉股票，卻有現金入帳的感覺，就好像領薪水。但台灣很多缺乏買賣股票經驗的小白，或是追高殺低的韭菜，根本無法抱股一年，還來不及嘗到領息的滋味就賣掉了。

❖ 好入手、擁有現金流

但自從有了高股息 ETF 的誕生，因為入手價便宜，發行價一張大約 15 元，也就是 15000 元。加上零股和定期定額的盛行，以及首檔季配型 00878 的橫空出世，讓投資人一季就能領一次股利，高股息 ETF 因此進入百花齊放的時代。

高股息 ETF 就像字面上的意思，集合一籃子發放股息且具有穩定發放條件的公司，讓投資人可以有持續領薪水，也就是大家喜歡的「現金流」感覺。

具體來說，並沒有限制一定要發多少才算高股息，所以高股息的意思，自然就是這檔的公司願意把大部分獲利給投資人，有可能是整年的 80%、90% 獲利。**通常我們用殖利率高於 5%，當作高股息的指標。**

這裡在提供一個想法：無論選擇投資個股或是 ETF，根據當下的總體經濟環境，站在長期投資的角度，股息殖利率要高

於 10 年期公債殖利率的 1.5 倍，才有投資誘因。

舉例 2023 年 10 月時，10 年期公債殖利率來到 5%，所以股息殖利率至少要 7.5%。因為在高利率環境，錢放在銀行定存或是買無風險的美國債券，都有 5% 利率，但這是升息環境下的特例。

以過去十多年來看，全球低利率、低通膨環境將不復返，未來通膨率會介於 2%～3%，基準利率要維持實質利率為正，也就代表未來基準利率將會長期落在 3%。那麼 10 年期公債殖利率會落在 3%～3.5% 區間，經過計算，股息殖利率至少要 5%～6% 才合理。

❖ 景氣不佳時有利於避險

高股息 ETF 受歡迎還有一個原因，就是配息股獲利能力強，有利於避險。根據過往經驗顯示，在市場下跌期間，有支付股息能力的股票，表現勝過沒有支付股息的股票。例如 2000 年網路泡沫、2008 年金融海嘯、2015 年希臘債務危機以及 2020 的 Covid-19，甚或是 2022 的暴力升息期間，都是如此，我們以 00878 為例。

圖表 2-5 00878 的高殖利率

投資標的	投資時間	3 年年化報酬率	歷年均殖利率
00878 （國泰永續高股息）	2020 ～ 2023 年	14.97%	4.3%
同期大盤	2020 ～ 2023 年	10.58%	3.29%

資料來源：yahoo 奇摩股市

　　那為什麼市場大跌期間，足以支付股息的投資標的會勝出呢？關鍵原因在於，能穩定支付股息的公司體質好，有現金股息的保護，即使市場一片慘澹，股價下降空間相對較小。

　　也就是說高股息 ETF，特別適合在景氣循環的谷底區和衰退期當作投資標的。因為在市場下跌期間，帳面上的報酬皆為負，投資人信心不足下，投資標的能讓投資人享有股息收入的確定正報酬。也就是說不管市場如何動盪，時間到了還是有股息入袋，就有賺到錢的感覺，相對穩定也相對安心。

　　另外一個觀點是，長期有能力支付股息的企業，其獲利能力較強，股價長期上漲的可能性較大，儘管市場動盪但長期趨勢仍向上。且透過 ETF 跟基金的方式來佈局，經理人會透過機制篩選。老話一句「交給專業的來」，投資人只需要參與，

等著獲利即可。

在 2023 年，高股息 ETF 已經發展到第三代。00929 以網羅電子科技股為邏輯，且以首檔月月配高股息 ETF 之姿，寫下台股成長最快規模的 ETF 紀錄，上市半年內即達到千億規模（2023/6～2023/11），顯見台灣人對高股息 ETF 的熱愛。

◆ 比較第一到第三代高股息 ETF

第一到第三高股息 ETF，到底有什麼不同？

第一代就是成立超過 15 年的 0056（2007/12/13上市），截至 2023/10 月目為止，0056 的選股邏輯是唯一只看未來式的高股息 ETF。未來式意指，從台灣市值前 150 大的公司中，挑選出「預測未來一年」現金股利殖利率最高的 50 檔股票，作為成分股。

也因為使用預測，所以被認為人為因子較重，同時不符合 ETF 設計貼大盤指數的原意。相較於市值型老大哥 0050，0056 已經被視為稍變形的 ETF。隨著二代、三代的演變，高股息 ETF 儼然已成孫悟空 72 變，演變的原因當然是越來越符合投資人喜好跟需求。

第二代高股息 ETF 增加低波動的因子，例如 00713（元大高息低波）追求更低的 beta 值，目的是希望除了領息還能抗跌，提高穩定度更能抱得住。那何謂第三代呢？

我將 00878 的誕生視為第三代 ETF 的分水嶺，首先是加入的永續的概念且開啟季配息，更重要的是選股邏輯不同於只看未來的 0056。00878 是從 MSCI 台灣指數成分股中，篩選出符合 MSCI、ESG 評級分數高，且以「過去三年平均年化殖利率」最高的 30 檔作為成分股，也就是說 00878 是看過去。

另外像是 00915、00918、00919 這 3 檔也很有人氣，主要是它們的選擇標準以高股息為主，以 2023 年的配息紀錄來看，年化殖利率皆超過 10%。說到這裡，那殖利率又是什麼呢？

❖ 殖利率就是股票的報酬率

用一個最簡單的概念來說，殖利率就像存款有利息一樣。可以把股票想成存款，把每年配發的現金股利想作利息，來計算出報酬率。

也就是說「殖利率」就是股票的報酬率，用更白話的解釋

來說，**股票殖利率就是：你買這檔股票，會得到多少％的股息。**

那麼股票殖利率怎麼算呢？其計算方法是用公司發放的現金股利，除以股票價格。以 00878 來示範，其 2022 年發放的現金股利是 1.18 元，我們以年均價 17.6 元計算，殖利率為 6.7％。

殖利率＝股利／股價

所以 00878 的殖利率＝1.18／17.6＝6.7％

這樣的殖利率是高還是低呢？小姐姐用兩個比較值讓你有更有概念。以台股大盤來說，台股 2022 年平均殖利率為 4.88％。再以大家都認識的台積電為例，其 2022 年發放的股利為 11 元，年均價為 532 元，所以算下來殖利率大約 2％。所以發現了嗎？高股息 ETF 以高殖利率為目標。

但是殖利率只能當作參考，每年的殖利率都會依照當年的情況浮動，關鍵還是選股邏輯跟風格，不同的高股息 ETF 具有不同的選股風格，後文中也會清楚說明。

◆ 第三代高股息的特色

我們再進一步看第三代 ETF 的演變,會發現過去幾乎選擇低波動的個股,例如中華電信或是金融股這些牛皮股,而第三代的 00929 或是 00935,卻是聚焦於純科技電子股的 ETF。

主要就是電子股除了能提供高股息,也有機會帶來高報酬。電子股較具有成長性,就如同前文所言,高股息 ETF 越來越符合投資人需求跟期待。

而市場對於傳統高股息 ETF 最大的挑剔就是,賺到股息卻忽略報酬。確實從過往報酬率的比較來看,高股息 ETF 的獲利報酬確實輸給大盤市值型 ETF(如 0050)。

圖表 2-6　傳統高股息 ETF 忽略報酬率

資料來源:兆豐投信

但領息的投資人目的為擁有現金流，所以追求的是零成本。換句話說因為持續領息，不用在意當中的股價波動，最終會達成零成本存股，如圖 2-7 所示。

圖表 2-7 高股息 ETF 能實現零成本存股

資料來源：璇轉理財腦節目

其實投資方法沒有最好，而是要選擇適合自己的理財方式。對於高股息投資人來說，追求的就是被動收入，享受的是領到一筆錢直接匯入自己帳戶的加薪感覺，這會讓投資人感到相當欣慰。

第一到三代高股息 ETF 的演變，從表 2-8 來看會更清楚。

圖表 2-8		台灣高股息型 ETF 進化三階段	
	特色	**代號及名稱**	**配息狀況**
第一代	傳統	0056（元大高股息）	季配
第二代	低波動	00701（國泰股利精選 30）	半年配
		00713（元大台灣高息低波）	季配
		00731（復華富時高息低波）	季配
第三代	科技型	00927（群益半導體收益）	季配
		00929（復華台灣科技優息）	月配
		00935（野村臺灣新科技 50）	半年配
	永續型	00878（國泰永續高股息）	季配
		00930（永豐 ESG 低碳高息）	季配
		00932（兆豐永續高息等權）	季配
		00936（台新永續高息中小）	月配
	升級型	00900（富邦特選高股息 30）	季配
		00915（凱基優選高股息 30）	季配
		00918（大華優利高填息 30）	季配
		00919（群益台灣精選高息）	季配
		00934（中信成長高股息）	月配
		00939（統一台灣高息動能）	月配

資料更新至 2024/1/31

【心法篇】

用高股息 ETF 當靠山，享受錢滾錢的複利

3-1 選 ETF 跟談戀愛一樣，符合期待最重要

　　無論你有沒有談過戀愛，心中一定會有理想情人，對外貌、個性、學歷、職業，甚或是家庭背景都會有期待。

　　我認為選 ETF 就跟談戀愛或選情人一樣，自己設定好標準，然後去尋找符合期待者。並且要先清楚買高股息 ETF 的報酬，肯定會低於市值型的 ETF；但同樣的你要理解買市值 ETF，就不會有高股息 ETF 的殖利率跟現金流。

❖ 會賺錢的情人 vs. 穩定的情人

1. 市值型能提供高報酬

　　舉例來說，你希望這個情人很會賺錢，個性波動大且稍微情緒化沒關係，因為最在意的是整體總報酬。若設定每年的年化報酬率至少要 10%，用上一本書中教大家的 72 法則計算得出：若以年化報酬率 10% 來計畫，一筆投資用 7.2 年時間就能翻倍。

　　你可以忍受這個情人稍微情緒化，甚至也能忍受不常見面讓他專心拚事業，當作投資他，並且約 7～8 年給你很滿意的回報，那你要找的就是市值型的 ETF。從回測數據來看，市值型代表 0050 過往的平均年化報酬率約 9.7%，0056 的平均年化報酬率約 5.84%。

　　再從十年累積報酬率看，0050 累積總報酬率高達 153%，0056 含息累積報酬率則為 87%。因此從長線來看，累積報酬率相差近一倍。所以如果你要選會賺錢的情人，就要挑選市值型的 ETF，尤其是在股災或是景氣谷底買進，更能有亮眼報酬率。

　　市值 ETF 最廣為人知的老大哥就是 0050、006208。不過

若從股價來看，這兩檔一張要價 15 萬，一張則是 9 萬，所以近期也有不少類似選股邏輯的「小 0050」誕生。

以 2023 年來說，就有 3 檔 ETF 以投資市值型為主，分別是兆豐龍頭等權重（00921）、國泰台灣領袖 50（00922）、群益台灣 ESG 低碳（00923）。

上述 3 檔 ETF 的選股邏輯以市值大的企業為主，加入更多篩選條件，可說是 0050 進階版。例如，有沒有持續穩定的獲利，或有沒有搭上熱門綠金議題，把不符合 ESG、低碳概念的公司排除。因為在新上市階段，目前價格都相對在低位階。

為什麼價格是我在意的考量，因為雖然市值型的 ETF 波動大，適合定期定額，但也因為波動大更容易有價差。而我自己喜歡用單筆進出的方式抓獲利，在後續章節會有更多說明。

2. 高股息型波動低、配息穩定

我們已經知道，想要賺錢、要有亮眼報酬率，就選市值型 ETF 情人。但若你喜歡跟情人黏踢踢，也希望他有強烈存在感、時刻給予回饋，高息 ETF 就很適合你，每月或每季都會給你現金流。他的任務跟期待就是準時發薪，讓你有月月加薪的感覺，但也就不能要求他跟市值 ETF 情人一樣會賺錢。

　　不過好處就是因為選股邏輯不同，所以相較於市值 ETF，高股息 ETF 情人是脾氣穩定的好好先生，也會穩定上繳薪水。也因為如此，這個情人就不會有大幅成長的表現，訴求的是穩定。如果你是不喜好承擔高風險，那低波動又穩定配息的高股息 ETF 就適合你。

　　所以不同的投資人來做財務諮詢時，我都會反問他們想要什麼？當然大部分人，都希望可以有股息也有價差，也因此你會發現蠻多新發行的 ETF，都訴求能夠兼顧股息跟報酬。但因為新發行的 ETF 未來才能驗證績效，因此本書討論的還是目前市面上的主流分類。

❖ 市值型、高股息可搭配運作

　　如果你是比較久遠後才需要用到這筆錢，且希望參與公司未來成長性，一般來說我會建議投資人，首重標的具「股價成長性」的市值型 ETF。因為市值型 ETF 選擇的公司未來成長空間大，股價會隨著公司發展而持續向上，長期下來會有亮眼報酬。

　　而如果你是另一類投資人：不求本金成長大，但希望擁有

現金流。比較特別的是不只退休族群或中年人，現在很多年輕人也會有這樣的想法，無非就是想打造「被動收入」，呼應第1章我們提到的資產家生活。

我給建議時會先提醒投資人，**第一，買高股息 ETF 的報酬沒有市值型來的好。第二，本金不大時現金流是無感的。**

舉例來說，100 萬元的本金放在殖利率 6% 高股息 ETF，季配 1 萬 5 千元，相當於月配 5 千元。這樣的現金流雖然屬於小確幸，但對於投資小白來說有種賺到錢的感覺，甚至可以期待現金流足以負擔房貸，或是還清貸款那天。這種可期待跟確定感，就是高股息 ETF 近年來大受歡迎的原因。

所以我提供一個想法，可以先以累積資產，也就是把資金放在市值型 ETF，加速本金成長的速度，以累積到 100 萬為目標。等存到一大筆錢，再轉進高股息 ETF 滾出現金流。

畢竟沒有人規定你選了市值型 ETF，就不能轉去高股息 ETF。大家在戀愛過程中也是一樣啊！持續 try and error，且隨著時空背景和年齡增長，對於理想情人的條件也會改變。再次強調，投資路上沒有最好的，只有最適合自己的！

雖然說在 2023 年，高股息 ETF 在 AI 浪潮帶動之下漲幅犀利，超過三、四成的比比皆是。我們就 00878 來看，計算到

2023 的 7 月底，指數含息報酬來到 39.5%，同期間大盤含息報酬為 25%，顯示上漲動能更為強勁。也推升 00878 掛牌 3 週年之際，在 2023 的 8 月創掛牌以來的最高 22.89 元。以年化殖利率 6% 來計算，漲幅為 30%，等於把 5 年的股利都入袋。

　　所以許多持有價位在 15 元或 16 元的投資人，選擇獲利了結。我認為沒有不好，賣掉之後有了一筆錢，可以待股價回檔的時候再回頭買進，先落袋為安。

　　事實也證明隨著 2023 年 9 月份 AI 股回檔，00878 股價再度回到 19、20 元的價位。

3-2 熱門高股息 ETF 大 PK

在上個章節介紹過,目前高股息 ETF 已經發展到第三代,那麼投資人要如何選擇呢?是要選老牌的 ETF 還是年輕的呢?

◆ 比較規模、產業分佈及持股

我個人最喜歡的選擇方式,就是看選股邏輯。因為高股息 ETF 跟基金一樣,是買進一籃子股票,那麼就從一檔高股息 ETF 的持有成分股來做判斷。

　　回歸到上一節的重點，**ETF 除了看淨值就是看產業前景，選擇重點在於你覺得這公司未來好不好、有沒有發展潛力？**表 3-1 我先聚焦高股息，且具有一定規模的 ETF，列出其特色給投資人參考。

　　另外，也可以從產業分佈來觀察，以下資料在免費的「yahoo 奇摩股市」APP 都看得到：輸入 ETF 的代號或名稱之後，點開「持股分析」，就能清楚看到這些 ETF 的行業比重如圖 3-2，也能看十大持股狀況如圖 3-3。

圖表 3-1 高股息 ETF 特色比較

代號	名稱	ETF 特色
0056	元大高股息	老牌高股息
00878	國泰永續高股息	規模第二大高股息
00900	富邦特選高股息 30	持續換股追蹤高股息
00915	凱基優選高股息 30	smart beta 因子投資＋高股息
00918	大華優利高填息 30	不只高股息，還追求高填息
00919	群益台灣精選高息	首創宣告股利取代參考歷史或預測
00929	復華台灣科技優息	全電子股成長最快的黑馬
00939	統一台灣高息動能	首創夏普值動能篩選

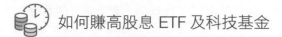

圖表 3-2　用 APP 可以查詢 ETF 行業比重

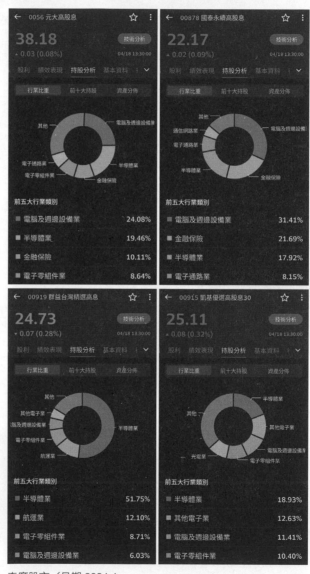

資料來源：yahoo 奇摩股市／日期 2024.4

| 圖表 3-3 | 用 APP 可以查詢 ETF 十大持股狀況 |

0056 元大高股息
39.18
0.14 (0.36%) 05/14 10:12:43

持股分析／前十大持股

聯詠	3.28%
聯發科	3.15%
和碩	2.91%
群光	2.87%
鴻海	2.87%
日月光投控	2.75%
大聯大	2.74%
聯電	2.72%

00878 國泰永續高股息
23.20
0.04 (0.17%) 05/14 10:13:05

持股分析／前十大持股

華碩	4.93%
聯發科	4.55%
大聯大	4.47%
廣達	4.28%
英業達	4.27%
緯創	4.24%
仁寶	4.15%
聯強	3.94%

00919 群益台灣精選高息
24.99
0.11 (0.44%) 05/14 10:14:57

持股分析／前十大持股

長榮	11.82%
瑞昱	9.56%
聯電	8.40%
聯詠	7.27%
聯發科	5.78%
力成	5.01%
鈺象	4.97%
中美晶	4.85%

00915 凱基優選高股息30
26.23
0.06 (0.23%) 05/14 10:13:53

持股分析／前十大持股

鴻海	9.72%
中信金	8.06%
新普	7.18%
聯電	7.12%
統一	7.09%
瑞儀	7.01%
日月光投控	6.73%
鈺象	6.02%

資料來源：yahoo 奇摩股市／日期 2024.5

透過它們的十大持股來看，發現了嗎？重疊性約六到七成，也就是除了以電子股為主之外，更幾乎以 AI 為主流。

這也可以看出，在某些時間點，高息股票不外乎就是那幾個，也因此如果持股差異不大，我自己會在意的就是殖利率，畢竟殖利率越高代表買的越便宜。

比較特別的是，橫空出世的 00929，如圖 3-4，十大持股顯然異於其他 6 檔高股息 ETF，甚至其中找不到廣達也找不到緯創，所以 00929 是可以搭配其他檔季配息 ETF 一起存股的。

如果你想要產業更分散，也就是不要那麼多電子股，就可以去找找持股中金融股比重高一點的。依照這個前提，以 2023 年第四季公開資訊來看，分別是 00900、00915、00918，最後則是 00878。

如果想要更分散，再提供一個存股族可以參考的小撇步。可以發現這 4 檔高股息 ETF 中，以金融股持股來看，重複出現的是永豐金。那我就會特別去查永豐金的殖利率，看看目前是不是甜蜜點。

也就是說，我持續佈局高股息 ETF 之外，也定期定額去買進這檔金融股，因為它是能給出高殖利率的個股，才會受到

圖表 3-4　00929 的十大持股

復華台灣科技優息 00929	★ ...
17.42	▲ 0.07 (0.40%)
股利　績效表現　**持股分析**　基本資料　行　∨	
矽創	3.63%
聯發科	3.42%
京元電子	3.40%
健鼎	3.33%
廣積	3.19%
新普	3.09%
啟碁	3.06%
頎邦	2.93%
瑞昱	2.93%
瑞儀	2.89%

資料來源：yahoo 奇摩股市／日期 2024.4

那麼多 ETF 青睞。

　　表 3-5 是介紹 3 檔 2023 年配息表現亮眼、年化殖利率皆

圖表 3-5 2023 年年化殖利率 10% 以上高股息 ETF

股票代號	特色
00915 （凱基優選高股息 30）	◆ 發揮高股息、高品質、低波動的「兩高一低」選股邏輯。例如會參考過去 3 年的平均股利，以及最新一年股利，確保該公司的獲利不是曇花一現。 ◆ 不追求最高股息，但穩定低波。
00918 （大華優利高填息 30）	◆ 兼顧股利和填息 ◆ 選股邏輯是從上市上櫃中市值前 150 的個股中，挑選過去 4 季營業利益為正，且預估股利率及歷史填息率較高的前 30 名，做為成分股。
00919 （群益台灣精選高息）	◆ 篩選市值前 300 檔股票，是全台採用最多樣本的指數，再透過每年兩次篩選。 ◆ 5 月選取當年的高配股息（已經公告高股利的率）、12 月選取來年的高配股息（前三季 EPS 高成長率）。用兩次換股，兼顧當年高股息及明年高成長率的股票。

破 10% 的高股息 ETF。

❖ 4 檔月配型 ETF 介紹

2023 年末至 2024 年初，由 00929（復華台灣科技優息）帶起的月月配 ETF 旋風持續發威，有 3 檔後起之秀。它們分別是 00936（台新永續高息中小）、00934（中信成長高股

息）以及 00939（統一台灣高息動能）。

這 4 檔 ETF 雖然都是月配型，但其投資邏輯差異不小，以下幫大家分析。

1. 選股亮點不同

00929 以電子股為主，挑選市值前 200 大，規模達 50 億以上的股票，所以不會有小型的電子股。且考量波動度、近 3 年平均殖利率、近 5 年現金股利變異係數，確保配息穩定。

畢竟是月月配，每個月領到的「薪水」不能差異太大，00929 上市以來每個月的配息至少都有 0.11 元。還有一點特別重要，00929 買進估值偏低的股票，不擔心買貴。

★結論：00929 適合想穩領息，且情有獨鍾電子科技股的投資人。

00936 我定義它是月配版的 00878，主軸概念都是永續也兼顧高息。最特別的是 00936 鎖定中小型股票，選股邏輯為採樣範圍先排除市值前 50 大上市櫃公司，再著眼流動性，接著篩選 ESG，最後鎖定獲利標準。

說到中小型股，大家想到的是有些台股基金也會鎖定中小型股票，主要是股性活潑，也有機會帶來更好的報酬。但會不會因此導致波動太大，無法達成月月穩配息呢？由台新投信提供的資料顯示，近三年追蹤指數的表現是抗跌超漲。

★結論：00936 適合手中只持有市值型 ETF 或大盤型 ETF（0050、006208），想增加月月配 ETF 的投資人。

再來看 00934，我定義它是月配版的 00919，因為選股邏輯相似。何謂相似，從名稱上的「成長高股息」就知道，此檔 ETF 訴求的是股息跟資本利得（成長）兼具。

00934 一年換股兩次：第一次換股為 4 月份，主打精準卡位鎖定股息，第二次換股趁除息淡季（除權息大月的 7 到 8 月結束後），也就是在 9 月份轉換成長股，主要目的為賺取資本利得。

但它比較特別的是，不以殖利率作為唯一選股依據，避開短期股息高的景氣循環股，採用近 12 季的平均稅後 EPS 和 ROE，兩項指標加權計算。不過從公布的持股跟選股邏輯看，

★結論：00934 是標準第三代 ETF，聚焦於電子股，訴求報酬和成長且月月配，適合初存股的投資人。

有八成聚焦在電子股，優勢在於剛發行，有價格便宜的優勢。

最後看 00939，名稱中有特別的「動能」兩個字，主打讓你的被動收入動起來，訴求「搶高息，擁動能」。此檔和 00929 相同一年換股一次，時機點在 5 月，先卡位高息股。

特別之處在於每年的 1 月和 9 月，會根據成分股的夏普值表現進行權重訂審，夏普值高的增加權重，低的則是稍作休息。我認為他是一檔具主動思維的高股息 ETF，專為台股的除權息週期量身打造。

持股產業則是完全不限制，從 EPS 選有賺錢的公司，再

★結論：00939 不只強調高息更聚焦報酬成長，加上不同於其他配息 ETF 的月中領息，特意設計月底領息。再搭配上述 3 檔，一個月就可以領到兩次股息，實現自組雙週配，適合和所有 ETF 作搭配。

從 ROE 設標準排除最後 30%，選定 40 檔高股息標的。

2. 股息因子不同

配息型 ETF 的重點在於股息因子的組成。00929 的股息因子是看股利率，以股利率擇優挑選 40 檔成分股。如同本書前面所提，為什麼高股息 ETF 可以發展到第三代，無非是每次新推出的 ETF 都更進化了。

雖然同樣為月月配 ETF，00934 和 00936 不單單只考量股利率，像是 00934 就納入許多人在意的填息狀況。

說到填息一定要提到 00918，它是第一檔注重高填息作為因子的 ETF（注）。而 00934 選股時，優先選入歷史填息表現較佳的前 50%，並確保過去 5 年的填息速度和每年速度差異不會太大。就我來看這是對投資人蠻加分的部分，尤其對於配息型的 ETF 來說，能夠順利填息也更能夠穩住淨值。

至於 00936，比起看股利高不高，更重要的是股利是否能成長。也就是公司的獲利是否持續成長，才有能力配發越來越多的股利，所以它把每股盈餘的成長率，作為預估股利的依

注：00918 除了以「股利率」遞減排序，選取前 33% 為合格股票，還考慮至多 15 次除息依「完成填息次數比率」遞減排序，選取前 30 檔作為成分股。

據。

00939 則是訴求高股息之外,更強調總報酬跟高 CP 值,透過動能加減碼,加碼強勢股、減碼轉弱股,有助績效層層疊加,提高成分股配置效率,讓指數坐擁「高總報酬、高股息、高 CP 值」三高特色,主打月底領息,儼然就是百搭王。

總結來說,這 4 檔 ETF 都各自有特色和優缺點,可優先選擇合乎自己想法的標的。

❖ 月月配息的好處

至於月月配息對投資人有什麼好處呢,有以下幾點。

1. 複利效果

投資人不用再苦苦等待年配息或季配息,而是可以月月領息,提前將配息投入,加速創造複利效果。

2. 填息更快

原來一年要配 2.4 元,如果分成半年等於一次配 1.2 元,

一開盤就跌 1.2 元的情況下，填息時間會比較久。但若改成月月配，則一個月配 0.2 元，幾乎是能夠秒填息，減少填息的難度！

3. 合理節稅

　　二代健保門檻為單筆領息超過 2 萬元，也因此若是原先季配息 6 萬元，就得被課徵二代健保。改為月月配之後，每個月單筆領 2 萬元（本來 6 萬元分成 3 個月配），就不會被課稅。月配息更為分散，因此相較於年配和季配商品，能降低遭課徵補充保費 2.11% 的機率。

　　以 00929 來說，以其股價 17 元換算，由於是月月配，只要投資總額在 309 萬元以下，每筆收到的股利就不到 2 萬元，因此即可免稅。

　　但若是季配的 00878，以其股價 20 元換算，由於是季配息，投資總額必須低於 148 萬元，每筆股息才能低於 2 萬元，否則就要被課補充保費。

3-3

挑選高股息 ETF，
掌握 4 大關鍵不踩雷

◆ 規模不要太小：至少 1 百億

　　建議選擇的 ETF 規模至少要有 1 百億的量，如果 ETF 的表現長期亦步亦趨反應標的指數，會吸引較多投資人青睞，且規模大也具備較好的流動性。**因此我們篩選 ETF 的第一條件為，必須在資產規模上符合一定的條件。**

　　根據台灣證期局規定，屬於證券投資信託 ETF 的股票型 ETF 及債券型 ETF，若「基金淨資產價值（簡稱淨值）最近 30 個營業日平均值」太低，就必須下市；其中股票型的下市

門檻是低於新台幣 1 億元，債券型則為 2 億元。

ETF 因為是基金，所以終止的意思不是下市，而是清算。和股票的差別是，股票下市會變壁紙，但 ETF 會把錢退給投資人。因此我們要做的，是搞清楚自己所持有的 ETF 究竟是投資哪些標的，要去投資具有成長性，且至少規模排行前 5 的 ETF。

只要佈局的產業長期趨勢往上，選股邏輯讓多數投資人認同，規模就會越來越大，下市機率就越小。

◆ 成交量不要太小：至少 5 位數

因為 ETF 和股票一樣，是在集中市場交易買賣。雖然 ETF 有造市機制來維持流動性，但當一檔 ETF 的交易量比較小時，單筆買賣可能會使該檔 ETF 的價格發生較大波動。

另外，成交量小的 ETF 較有可能發生想買但買不到、想賣又賣不掉的窘境。所以我們挑選 ETF 的第二關鍵，是 ETF 的「日均量」。

通常熱門的 ETF，每天成交量會是 5 位數，但冷門的 ETF 卻幾乎只有 3 位數，也就是說平均來看大約只有百張。甚至還

只有個位數的，這種 ETF 千萬別碰。

因此成交量是評估 ETF 流動性的一個關鍵指標，**成交量越高、流動性越高、買賣價差也就越小。**如果 ETF 的成交量持續寥寥無幾，無法有效放大、乏人問津，最後就有可能走向被迫清算的命運！

◆ 成分股調整頻率要剛好：一年兩次

雖然每次換股都會有周轉費產生，但以股票型 ETF 來說畢竟是追蹤一籃子股票，在台股屬於淺碟市場的狀態下，資金特別容易聚焦在某族群。如果風向變了，ETF 卻因為調整頻率限制而沒跟上，導致無法淘汰成績不好的，也無法納入預期表現好的，只能眼巴巴錯失好機會。

但調整頻率也不能太高，像是 00900 先前就因為一年換股三次，頗被投資人詬病。畢竟周轉率高，每次換股的內扣費用自然相對多，交易成本被墊高，我個人認為一年兩次是合理範圍。

❖ 選股邏輯最重要

這當然是最重要的，要清楚了解選股邏輯是不是自己能接受的，以高股息 ETF 來說，要清楚篩選的產業類別。此外，高股息最主要的任務就是發放股息，所以針對何謂高息或優息的篩選標準，也很重要。

1. 高股息篩選標準

最直觀的就是未來式（目前為止只有 0056 是唯一採用此邏輯的高股息 ETF），跟過去式（00878、00915、00918、00929）這兩種。

不過隨著高股息 ETF 發展到第三代，篩選標準也越來越多元，有現在式＋未來式（00919），也就是用今年配息並預估未來的配息高低作為依據。還有用過去的配息紀錄，加上今年的配息高低作依據的過去式＋現在式（00900）。

2. 產業類別

再看看產業類別，就產業比重而言，0056 的電子股較多，00878 的金融股較多，00929 則全部都是電子股。所以或許你

可以用 0056 或 00878 再搭配 00929，做到分散風險。

現在也不少投信推出一次打包、佈局全產業的概念，像是兆豐投信就推出 00921 ＋ 00932，這兩檔 ETF 都是等權重且具有再平衡機制。

所謂「再平衡」就是賣出漲多的股票，把資金轉去具有成長淺力的低估值股，這種買法等於涵蓋市值型跟高股息，除了有配息更容易有資本利得的空間，大家可針對自己喜歡的選股邏輯去挑選。

3-4

股息再投入，
月月配加速複利

　　如果已經打定主意要跟高股息 ETF 長相廝守，那請一定要記得連愛因斯坦都驚嘆的世界第八大奇蹟——複利。所謂複利就是把每段期間獲得的利息併入本金裡，繼續累積利息，來達到利滾利、錢滾錢的效果。

　　前面提到月月配的好處就是加速複利，這是什麼意思呢？月月配每個月發息給你，而這些息就是你的子彈，可以更快達成複利效果。**複利除了頻率還有另一個關鍵，就是越早開始越好**。如圖 3-6，用一樣的條件，也就是一個月投入一萬元的情況下，可以很明顯看到複利的威力。

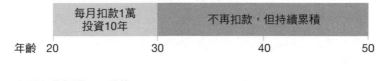

圖表 3-6　晚十年投資，本金和時間得多一倍

情境 1　投資累積 30 年

每月扣款1萬
投資10年

不再扣款，但持續累積

年齡　20　　　　　30　　　　　40　　　　　50

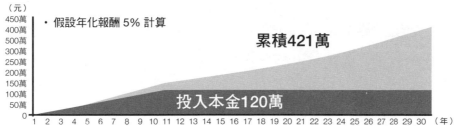

（元）
450萬
400萬
500萬
300萬
250萬
200萬
150萬
100萬
50萬
0

• 假設年化報酬 5% 計算

累積421萬

投入本金120萬

1　2　3　4　5　6　7　8　9　10　11　12　13　14　15　16　17　18　19　20　21　22　23　24　25　26　27　28　29　30　（年）

情境 2　投資累積 20 年

不投資

每月扣款1萬，投資20年

年齡　20　　　　　30　　　　　40　　　　　50

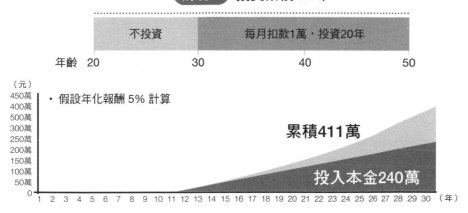

（元）
450萬
400萬
500萬
300萬
250萬
200萬
150萬
100萬
50萬
0

• 假設年化報酬 5% 計算

累積411萬

投入本金240萬

1　2　3　4　5　6　7　8　9　10　11　12　13　14　15　16　17　18　19　20　21　22　23　24　25　26　27　28　29　30　（年）

資料來源：安聯投信

❖ 用月月配加速複利效果

　　情境 1 是 20 歲就開始投資，投資十年後不再投入，但這筆錢不提出來持續累積，30 年後也就是 50 歲時，120 萬元變 421 萬。

　　情境 2 則是 30 歲才開始投資，得持續投資 20 年，累積出的金額為 411 萬元。也就是說晚十年開始，需要多花一倍的本金，也得多花一倍的時間。

　　用同樣的邏輯計算，如果每年投入的金額再加碼，經過時間複利放大後，效果會更可觀。也因此，如果要想獲得「市場最大的可能報酬」，必須降低買入和持有的成本，並透過配息複利再投入，就能持續降低持有成本。

　　例如買進 00878 等於持有 30 家公司股票，自己成為這些公司的股東和老闆，這 30 家公司的所有員工每天努力幫我工作、幫我賺錢。公司賺錢之後，每年就會配發股息給我。若將配息再投入，更能加速實現複利，不需理會股價漲跌，而是靠努力存股達到財富自由。

　　我會選擇高股息還有一個小故事，原本我是想要買房子，但後來轉念，將股息收入套用在房地產的收租概念，所以踏上

存股之路。舉例來說，台中市的小套房要價大約 500 萬元（不以雙北為例，因雙北房價比過高），套房的月租金行情大約 1 萬～1 萬 2 千元。

但如果我想要月收 1 萬元，在股市需要投入的本金，以下表這 3 檔年化殖利率破 10% 的高股息 ETF 來計算，只需 100 萬元左右就能滿足！

ETF	月領一萬所需張數	金額
00915 （凱基優選高股息 30）	43 張	約 90 萬元
00918 （大華優利高填息 30）	43 張	約 90 萬元
00919 （群益台灣精選高息）	56 張	約 120 萬元

注 1：00915 以 20.8 元，每次配息 0.7 計算
　　　00918 以 20 元，每次配息 0.75 計算
　　　00919 以 20 元，每次配息 0.54 計算
注 2：此計算以 2023 前三次配息為依據

另外對於長期持有，**以領息為主的投資人來說，股票下跌並不是風險，反而是持續買進的好機會。**

記住一個道理，領息是以單位數來發錢。所以當買進一張高股息 ETF 時，不管買在股價 20 元或股價 15 元，都是買進

1 千單位。但成本在 15 元的人就享有高殖利率，因此對我來說，每年股票市場只交易 5 天或關閉 5 年，都沒關係。

也可以換個角度思考，ETF 買進一籃子好公司，我們是用資產家的概念，感謝自己持有的這些公司每天幫我們工作和賺錢，等於是替自己持續加薪。

所以不管看到此書此篇章的你是幾歲，請盡早開始投資，唯有儘早開始才能盡早開始複利。

❖ 賺價差跟存股可並行，關鍵在於本金

這個章節的最後我補充說明，前面有提到若你還年輕，沒有現金流需求，市值型的 ETF 是比較適合的。但同樣我也指出月月配 ETF 能夠加速複利的好處，是否令你有點混淆？

其實價差跟存股並不衝突，關鍵就是本金！請記得這句名言：**本大利小利不小，本小利大利不大。**

我們舉 00929 來說明，一張 18000 元，一個月配息 110元，扣除匯費一年領 1200 元。若每個月買一張，一年能累積12 張，最後領到的息是 14400，自己再加一點點錢就可以再買一張。大概到第 8 年累積張數為 100 張，帳面資產累積約 180

萬元，就能月領一萬元。但這個前提是要有紀律，還要有資金每個月買下一張。

換個想法，若無法每個月擠出 18000 元買一張 00929，至少每個月定期定額 8 千元，放在不配息的市值型 ETF。假設年化報酬率 8%，10 年後本金 96 萬元，資產則是超過 130 萬元，報酬率超過四成，如圖 3-7。

若用這筆錢一口氣拿去買上述提到的高股息 ETF，就能直

圖表 3-7　年化報酬率 8%，10 年報酬率超過 4 成

複利計算(含定期定額)

本金 (投資金額初值)
8000

年利率 (%)
8

年期 (年)
10

☑ 定期定額 (第二個月起)
每月投入金額
8000

複利頻率
○ 年　◉ 月

計算

計算結果　　○ 複利　○ 單利　○ 本金

	本金	總金額	總報酬率
複利	960,000	1,473,325	53 %
單利	960,000	1,347,200	40 %

試算網站：https://havocfuture.tw/compound-interest-calculator

接讓自己月領一萬元,且因為領到的息大,可以更快滾大本金。

甚或是放在我自己最喜歡的台股基金,以年化報酬率12%計算,可以清楚看見資產累積的速度更驚人,複利的計算結果 10 年接近翻倍,如圖 3-8。事實上,從 10 年績效來看,排名前十名的台股基金,通通都翻倍。

所以其實年輕就開始存股是好的,但我認為也是因為還

圖表 3-8　年化報酬率 12%,10 年後接近翻倍

試算網站:https://havocfuture.tw/compound-interest-calculator

年輕，更好的方式，是先放在會成長的股票型基金或市值型 ETF。若你很想要有領到錢的感覺，也可以同時定期定額扣款高股息 ETF，或是趁大跌時買進，這兩件事能夠並行。

　　但如果領到的息不多，卻很想創造未來的被動收入或擁有現金流，就得激勵自己努力放大資產。

　　那麼，該怎麼做才能放大資產呢？那就是持續提升本業收入，讓定期定額金額長大。我自己也是從月扣 3 千元開始的，到現在月扣的金額是 3 萬。有時候搭配單筆加碼，還曾經拚到一個月 5、6 萬元投入市場，加速資產成長。

主播小提醒

記住！努力提升本業收入後，加速本金投入的速度，就是你的致富鑰匙。

【實戰篇 1】

高股息 ETF 怎麼買？
手把手教戰守則

4-1 用這 4 檔低價高股息，試算你的加薪張數

　　這個章節我們先從結果論來說，直接計算若想幫自己月月加薪，需要多少張數。大家應該都看過這類理財書名：《XXX 存到 600 張股票》，或是《存到 300 張金融股》。

　　這些書名都強調張數，張數除了是一個里程碑，也因為股利以張數來計算更容易。事實上都不要去想這些張數是多少錢，而是以張數為一個目標，來實現存股這件事。

　　如下表的試算結果，只要累積到 13 張 00915，每個月就能幫自己加薪 3 千元，這就是激勵自己往前的力量！若是想加薪到 1 萬元，要累積到 43 張，需要的金額約是 88 萬元。

也就是說，你如果用上一章所述的方法，先透過市值型 ETF 定期定額滾出百萬後，再轉進高股息 ETF，累積至如下表的計算結果，就能幫自己月月加薪 1 萬元。

ETF	月領 3 千元 所需張數	月領 5 千元 所需張數	月領 1 萬元 所需張數
00915 （凱基優選高股息 30）	13 張	21 張	43 張
00918 （大華優利高填息 30）	19 張	31 張	63 張
00919 （群益台灣精選高息）	17 張	27 張	55 萬
00878 （國泰永續高股息）	29 張	48 張	97 張

注 1：00915 以均價 20.5 元，年股利 2.8 計算
　　　00918 以均價 19 元，年股利 1.9 計算
　　　00919 以均價 20 元，年股利 2.16 計算
　　　00878 以均價 20 元，年股利 1.24 計算
注 2：此計算以 2023 前三季配息為依據

舉以上這 4 檔高股息為例，主要就是因為便宜，均價約在 20 多元，除了方便累積張數，也能用這樣的方式督促自己前進。

4-2

不只定期定額，搭配「金字塔加碼法」聰明買

從上述的累積張數為目標後，除了熟悉的定期定額買法，更要落實買黑不買紅，我們稱為**金字塔買法，簡單來說就是「越跌買越多，越漲買越少」**。這是一種定期定額升級版，用定期定額搭配金字塔加碼法，可以有效提高勝率！

我們已經了解定期定額的核心精神，是有紀律地扣款買進，長期下來攤平投資成本，解決無法掌握高低點的問題，走出微笑曲線。

但隨著投資時間增加，會有新資金難以平均成本的問題，即使買進成本位於低點，若投入的金額不夠多，也無法有效將

整體投資成本降低，如表 4-1。

也因此定期定額搭配「分批買進」的金字塔加碼法，可以更有效率運用資金，提高加碼時機點的投資影響力，並在既定的風險下，提升存股整體報酬率。

圖表 4-1　**隨時間增加，定期定額難有效降低成本**

時間	固定投入金（元）	累積總資金（元）	投入資金佔總資產
第一個月	3000	3000	100%
第二個月	3000	6000	50%
第三個月	3000	9000	33%
第四個月	3000	12000	25%
第五個月	3000	15000	20%
第六個月	3000	18000	17%
第七個月	3000	21000	14%
第八個月	3000	24000	13%
第九個月	3000	27000	11%
第十個月	3000	30000	10%

❖ 金字塔買法怎麼做？

我們已經知道越跌越要買，目的是下跌越多加碼越多，慢慢將購買成本往下拉，直到股價反彈獲利。尤其 ETF 更適合這種操作法，因為它沒有單壓個股的風險。

針對某個股持續攤平，確實可能越攤越平，甚至有公司倒閉的風險。但 ETF 就不用擔心，因為 ETF 就是持有一籃子股票、追蹤指數，股價具均值回歸的特性，下市的機率很低，適合長期持有。

所以我們可針對 ETF 價位的高低，以金字塔型的比例進場，逢低加碼；若真的有資金需求，則可以反之操作。

學理上的說法，是將金字塔買法視為三角形買法，如圖 4-2，將資金按照 10%、20%、30%、40% 分成四份，分別在股價下跌 10% 至 40% 時以相對應比例的金額加碼。

依照圖中的規劃，最大部份的資金會購買在較低的股價，有效拉低持有股票的成本均價，藉此提高勝率。

圖表 4-2 以金字塔型的比例進場

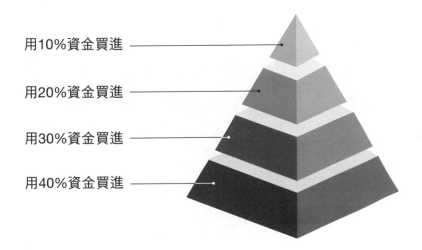

用10%資金買進

用20%資金買進

用30%資金買進

用40%資金買進

◆ 獨創！改良版「金字塔加碼法」

學理上這個方法聽起來容易，但執行上並不容易。主要是股價下跌 10% 的依據，是要根據前一天的股價，還是要根據帳面損益的比例，又或者是根據當天市值呢？二來，資金又該如何如願分配呢？

所以我研發出改良版的金字塔買法：以 00878 舉例來示範。這個買法當然也適用於台股基金等優良標的，但因為基金淨值一天只有一次，所以我會搭配大盤，這個在下一個小節如

圖表 4-3　我的改良版「金字塔加碼法」

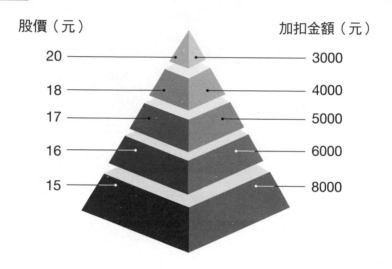

股價（元）　　　　　　　　　　　　　　加扣金額（元）

20 ——————————————— 3000

18 ——————————————— 4000

17 ——————————————— 5000

16 ——————————————— 6000

15 ——————————————— 8000

何用 0050 做價差部分，會進一步說明。

　　以下分享我的改良版金字塔買法：以 00878 原先每月定期定額扣款 3 千元、均價 20 元為例，採倍數加碼法，以下金額皆為定期定額的價格。

　　如圖 4-3，舉例來說，原本的設定是每個 6 號定期定額扣款 3 千元，前後都是股價 20 元；若 15 號時股價下跌來到 18 元，就自己加碼手動扣 4 千（用零股下單約 220 股）；同樣地，如果股價來到 15 元，用 8 千元就可以買超過 500 股。

　　這樣一來，就完全實踐用便宜價格買進更多單位數，也就

是除了既有的定期定額買進 ETF，再加上金字塔的逢低加碼策略，可以加速累積資產。

　　但這個買法可能面臨的挑戰，就是當股價跌到 15 元時，帳面上是虧損的，也還有不斷下跌的價格碰上市場的恐慌情緒。這時絕對要謹記，自己持有標的是長期向上的趨勢，要「堅守紀律」按計畫逢低佈局。

◆ 金字塔逢低佈局 ETF，謹記 3 步驟

　　步驟 1：準備好「逢低加碼金」，不是緊急預備金。

　　步驟 2：不能一次把子彈用完，遵守等比使用。

　　步驟 3：自己設定 5 個加碼點。

　　針對步驟 3 要特別說明，設定出低點很好，但也不要設定一個從未出現的價格。

　　例如 00878 的上市價格是 15 元，雖然從歷史來看，00878 當初掛牌上市兩個月後，在 2020 年 09 月 25 日來到歷史低點 14.24 元（但如果我們執意設定 14 元才最大化加碼也無意義，若真的出現如此便宜價格也不用管紀律了，有錢就買 XD）。

回到實際層面，出現歷史低點之後，00878 價格就一路向上不回頭，在 2022 年 2 月 21 日到達歷史最高點的價格 19.75 元，比起發行價格 15 元時上漲了 32％。因此最便宜的成本就是 15 元，所以設定跌回 15 元為加碼最大化價位。

或者我們從技術分析的層面分享，也就是以年線作為要不要大幅加碼的輔助決策訊號。以 ETF 老大哥 0050 來舉例，我們可以用 ETF 的年線當作基準，以年線、三年線、十年線依序為加碼點。但這些不見得都是可以加碼的位置喔！

我自己習慣看技術 K 線的網站來判斷，例如 Goodinfo 台灣股市資訊網，如下圖（日期 2024.4）。

圖表 4-4　　0050 季線圖

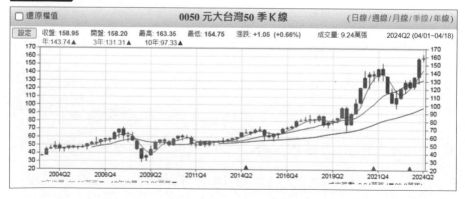

可以看到年線（143.74）跟三年線（131.31）都跟現價（158.20）差別不多，但十年線的位置97.33，就顯著便宜。所以你如果看到股價在十年線位置就努力加碼，可以大幅提升報酬率。

此外，我針對市值型 ETF 還有一套獨家「跌多少買多少」的小資專用零股買法，下一節中會仔細教大家！

主播小提醒

注意！金字塔買法不適用於主題型的 ETF，例如電動車概念、生技概念等。這些 ETF 往往在股市話題最熱時上市，標的過度集中無法分散風險，容易現買現套。

> **4-3**
>
> # 跌多少買多少──
> # 小資專用零股買法

❖ 任何人都該持有 0050

在前面章節中，我們已經深刻了解為什麼要選擇投資高股息 ETF。如果把高股息 ETF 當成防禦型的現金池，但也想透過價差獲得稍高的資本利得，我會建議如果有多餘的資金，從資產分配的角度，任何人都該買進 0050，無論多寡。

理由有二：第一，你若不進入市場，就永遠無法體會金融交易的真諦；第二，買大盤永遠不會錯。因為指數一定會持續創新高，儘管帶領股市創新高的個股會輪替，但透過市值型的

指數 ETF 會自動汰弱留強，也因此對於投資朋友來說，放眼望去是最安全的標的。

就像 00878 是完全複製「MSCI 臺灣 ESG 永續高股息精選 30 指數」，0050 可說是市值型 ETF 的代表，它所追蹤的指數為「台灣 50 指數」，成分股涵蓋臺灣證券市場中市值前 50 大之上市公司，都是大到不會倒的台灣權值股，說出名字街頭巷尾都認識。而 0050 擁有像基金一樣持股分散的優點，同時也像股票一樣操作彈性、成本低廉。

市場上有句玩笑話：「買 0050 等同買台積電跟他的 49 個朋友。」從圖 4-5 可發現，其中光是護國神山台積電的比重就超過五成，幾乎有五成二的比重，所以買進 0050 等於買進一半的台積電。

而 0050 持股當中，半導體占比超過六成，也因此這檔 ETF 的漲跌會比 00878 更激烈。同時這是屬於波動高、殖利率低的股票（今年可能連 3% 都不到），其目的是要賺價差，也就是賺資本利得，買進的好處就想成是一次讓全台最厲害的 50 家公司幫你賺錢。

這兩種 ETF 在投資策略上，走兩種完全不同的屬性，高股息 ETF 我用 00878 當代表。00878 偏重防禦，以領股息創

圖表 4-5　0050 中有一半是台積電

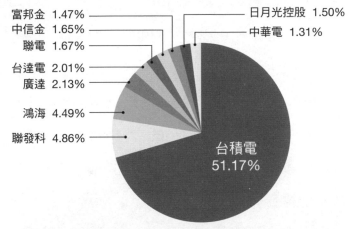

富邦金 1.47%
中信金 1.65%
聯電 1.67%
台達電 2.01%
廣達 2.13%
鴻海 4.49%
聯發科 4.86%
日月光控股 1.50%
中華電 1.31%
台積電 51.17%

資料來源：yahoo 奇摩股市／2024.4

造現金流為主；0050 偏重攻擊，以護國神山為首創造高額價差。沒有好壞之分，我的想法是都可以配置。

◆ 大盤跌破百點時，零股買進

至於我的市值型小資買法，就是當大盤跌破百點以上，就設定零股買進──跌 100 點買 100 股，跌 200 點買 200 股，跌 300 點買 300 股，買黑不買紅。

按照如此買法，以 2022 年 0050 的均價 120 元來說，100

股大約是 12000 元；如果資金沒有那麼多，也可以少一個 0，也就是跌 100 點買 10 股，約 1200 元。或是折半的方式，也就是買 50 股約 6000 元，端看自己的資金多少來分配。

但我也想告訴讀者，無論 0050 或是 006208（這兩檔ETF追蹤一樣的指數），最常被詬病的就是台積電比重太高，這是因為它們都複製台股權重。事實上台積電影響台股的比例就是這麼重，在沒有人為干擾的因素之下，以及半導體趨勢前景持續暢旺，護國神山的地位難以撼動，故比例就是會如此懸殊。

而認為這樣還是有風險的投資人，就可以考慮選擇台股基金，台股基金不會出現單一持股比重過高的現象，因為基金限制單一持股不能超過10%。

◆ 以美債為例，說明「相對低點」的概念

回到市值型的買法分享，這代表遇到股災就是買進的好時機：當日大盤下跌 100 點買進 100 股，依此推進，當日下跌 200 點買進 200 股。回過頭看，每次的單筆加碼肯定都會是「相對低點」。

這裡想再分享一個概念，在景氣下行階段，雖然大家都想

圖表 4-6　**2023/5 ～ 2023/10 美債 ETF 線圖**

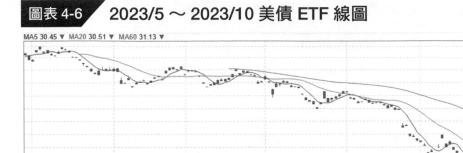

資料來源：yahoo 奇摩股市

知道「絕對低點」在哪，但我們都不是神，無法預料盤勢。好比 2023 年 4 月買進美債 20 年 ETF 的投資人，到 10 月份幾乎都是住套房。

　　以上是 2023/5 ～ 2023/10 的線圖，所以如果你是買在 5 月的人肯定會搥心肝，無奈看著帳面虧損不知道該怎麼辦。但事實上綜觀來看，2023 年顯然還是佈局債市的好時機，畢竟在聯準會暴力升息下，債券價格跌到相對低點，殖利率則是創近 20 年新高。

　　也就是說，這是 20 年來債券價格最便宜的區間。影響債券的主要因素就是利率，債券跟股票相比較，價格相對穩定且

好預測。也因此當聯準會開始啟動降息循環，債券價格就會反彈，這也就是為什麼大家在 2022 年末直到 2023 整年都湧入債券市場。

但隨著美國經濟持續強勁，導致服務以及資金成本無法下降，通膨出現僵固性，聯準會已表明會維持高利率一段時間。從利率點陣圖（Fed Watch）來看，聯準會最快要到 2024 年下半年，也就是第三季才有降息機會，也從本來預期的 4 碼調降為 2 碼。

可別忘了這回的升息循環可是超過 20 碼，也因此降息空間可期待，只是時間點可能比市場預期來的久。但時間拉長來看，可以確定在 2023 年佈局都是處於相對低點，如圖 4-7。

但因為不同於債券 ETF 單純受利率影響，市值型 ETF 唯有發生股災時才會有明顯的回檔。所以我們採用的是小資零股買法，除了定期定額之外，再用買黑不買紅的方法來加大勝率。

其實也能端看自己的能力範圍加碼，重點是要養成看到下跌超過百點時一定要佈局的習慣。金額不用多，但如果沒有在股災時佈局投入市場，上漲時會扼腕。圖 4-8 就是我在大跌百點時，0050 買進 100 股的對帳單。

圖表 4-7　2023 年債券市場會是相對低點

資料來源：yahoo 奇摩股市

　　最後要提醒各位，**金字塔買法成立的前提是，投資標的擁有長期向上的穩健走勢**，特別適合用來操作以下兩種 ETF：一是追蹤大盤指數的 ETF，二是篩選出穩健好公司的高股息型 ETF。

圖表 4-8 下跌百點加碼 0050 對帳單

類別	股票名稱	數量	單價	價金	原幣 付出成本
現股	0050 台灣元大 50	40	103.75	4,150	4,051
現股	0050 台灣元大 50	120	101.3	12,156	11,862
現股	0050 台灣元大 50	40	100.85	4,034	3,936
現股	0050 台灣元大 50	40	100.85	4,034	3,936
現股	0050 台灣元大 50	60	119.5	7,170	7,180
現股	0050 台灣元大 50	20	118.65	2,373	2,376
現股	0050 台灣元大 50	100	118.5	11,850	11,866
現股	0050 台灣元大 50	80	117.3	9,384	9,397
現股	0050 台灣元大 50	50	118.9	5,945	5,953
現股	0050 台灣元大 50	50	117.3	5,865	5,873
現股	0050 台灣元大 50	50	117.25	5,862	5,870

4-4

選對工具，
手續費只要 1 元

對於存股族來說，降低交易成本是邁向成功的第一步，畢竟我們沒有雄厚財力可以一次買進百張或是千張，但我還是堅持要用定期定額分批投入的方式。第一個好處就是降低平均成本，第二個好處就是省手續費。

◆ 定期定額 vs. 手動下單

今日有非常多券商，都有定期定額萬元以下的手續費優惠，沒有廣告業配之意，單純自己用的習慣上手，我是用豐存

股。一樣是買零股，若設定定期定額扣款，萬元以下就是 1 元
（如圖 4-9）；但若是當天透過 APP 直接下單買零股，就是按
照正常手續費計算。

圖表 4-9　定期定額的手續費只有 1 元

類別	股票名稱	數量	單價	價金	原幣 付出成本	原幣 現值	原幣 損益試算	手續費
現股	0050 台灣元大 50	50	133.7	6,685	6,143	5,974	-169	9
現股	0050 台灣元大 50	33	132.85	4,384	4,121	3,943	-178	1
現股	0050 台灣元大 50	33	134.65	4,443	4,180	3,943	-237	1
現股	0050 台灣元大 50	19	135.45	2,573	2,421	2,270	-151	1
現股	0050 台灣元大 50	20	138.65	2,773	2,618	2,390	-226	3
現股	0050 台灣元大 50	7	137.15	960	904	837	-67	1
現股	0050 台灣元大 50	6	137.17	823	777	717	-60	1
現股	0050 台灣元大 50	10	133.35	1,333	1,258	1,195	-63	1
現股	0050 台灣元大 50	10	139.92	1,399	1,324	1,195	-129	1
現股	0050 台灣元大 50	10	135.8	1,358	1,283	1,195	-88	1
現股	0050 台灣元大 50	21	132.64	2,785	2,626	2,509	-117	1
現股	0050 台灣元大 50	21	137.33	2,883	2,724	2,509	-215	1
現股	0050 台灣元大 50	7	140.85	985	931	837	-94	1

定期定額和手動下單的差別是什麼呢？差別在於定期定額無法預測股價，且需要先圈存金額，也就是交割帳戶要先有錢（注）；若是當天下單零股，可以根據自己想要的金額申購，款項於兩天後扣款。

　　定期定額最大的好處，除了手續費便宜，第一步節省了交易成本，再來就是幫忙克服人性，落實樂活大叔施昇輝講過的「不計較價格，才能真正賺到錢」。

　　再以前面章節提過的 2022/6/16，台股收盤失守萬六，高低點震盪 370 點為例。00878 一天之內的最高價格是 17.55 元，最低價格是 17.23 元，收盤價則是 17.25 元，一天之內高低差 0.32 元，買 10 張就差了 3 千元。

　　而所謂紀律就是固定時間，無論價位定期定額扣款，我當天定期定額買進的價位是 17.4 元，位居當天的中價位。可見我們無法掌握報酬率，能做的就是紀律！

　　你是否會在百貨公司周年慶時專程去搶購，也會關注常買

注：台股定期定額，必須在約定扣款日前一工作日 15:00 前送出申請，且於扣款日前一天晚上 12:00 前將金額存入交割戶。在指定的約定扣款日當天，於盤中及盤後分批買進股票，依據實際成交價格及股數，將股票分配到帳戶中，申請時不需要設定價格。

的電商免運日，甚至下手之前還會多方比價，為什麼呢？就是希望撿到便宜對吧！當股市大跌時就是大特價的時間，空手的你是否也曾經想在大跌時撿便宜，但每次下單前還是會被當下的氛圍影響，怕自己買了就被套。

❖ 股價下跌時，務必耐心等待

就人性面來說，都希望今天買進、明天上漲。但若今天買進明天下跌，心理感受就差了，其一是早知道我就晚點買，其二要面對立即的虧損。

但是如果你是定期定額投資者，比較貴的價格都在買了，那為什麼便宜的時候不敢下手呢？多數人都不敢買的時候，就是進場最好的時機，這麼做賺錢的機率基本上是 80%。

回到交易初心，當多數人都不敢進場的時候，你就要開始反向思考，並正確判斷是否反市場操作的時機到了？

我們應該要建立一個心態，往往當市場悲觀情緒很旺盛時，回頭看幾乎都是相對低點。意思就是說當多數人不敢買、處於恐懼的狀態時，我們應該思考的是要投入多少資金，而不是恐慌性賣出。

有太多投資人不知道自己的目標、忘了自己的初心，所以很容易受到大環境氛圍影響，往往把股票賣在低檔區，等到股價起漲之後才懊悔不已。因此，耐心也是投資心理學中很需要培養的一環。

有句話說：「新手死在山頂上，老手死在半山腰。」指的是急的人容易成為輸家。投資新手往往看到獲利或是利多消息就進場，卻忽略背後的風險，因此相對容易買在股價高檔而不自知，也就是常說的「住套房」。但最後市場走跌只好忍痛賣出，成為追高殺低的韭菜。

而投資老手因為有經驗，對價格的敏感度較高，在股價高檔時能有所警惕，卻也容易在股價下跌的過程中沒有足夠耐心，而中途接刀，最後也死在半山腰。

我應該算是老手，卻也差一點真的死在半山腰。寫這段落當下是 2022 年 7 月 6 號，台股收盤正式跌破萬四。也或許是三天內就下跌超過一千點，我開始擔心子彈不夠打，也希望自己可以買的更便宜，因此改變純定期定額的策略：減少扣款日，開始自己手動單筆加碼（從圖 4-10 可以看到，手續費比較貴的都是單筆買進）。

事後反思，像這樣更改策略樣容易犯下兩個錯誤。一是破

圖表 4-10		手動單筆加碼手續費較高							
調整	類別	股票名稱	數量	單價	價金	原幣付出成本	原幣現值	原幣損益試算	手續費
調整	現股	00878 國泰永續高股息	1,000	18.99	18,990	18,137	17,029	-1,108	27
調整	現股	00878 國泰永續高股息	1,000	18.75	18,750	17,896	17,029	-867	26
調整	現股	00878 國泰永續高股息	1,000	18.4	18,400	17,546	17,029	-517	26
調整	現股	00878 國泰永續高股息	2,000	17.99	35,980	34,271	34,058	-213	51
調整	現股	00878 國泰永續高股息	500	17.91	8,955	8,516	8,515	-1	1
調整	現股	00878 國泰永續高股息	500	17.9	8,950	8,522	8,515	-7	12
調整	現股	00878 國泰永續高股息	500	17.82	8,910	8,631	8,515	-116	1
調整	現股	00878 國泰永續高股息	1,000	17.78	17,780	17,000	17,029	-193	2
調整	現股	00878 國泰永續高股息	500	17.72	8,860	8,581	8,515	-66	1
調整	現股	00878 國泰永續高股息	500	17.31	8,655	8,376	8,515	139	1
調整	現股	00878 國泰永續高股息	1,000	17.3	17,300	16,764	17,029	265	24
調整	現股	00878 國泰永續高股息	500	17.41	8,750	8,426	8,515	89	1
調整	現股	00878 國泰永續高股息	1,000	17.1	17,100	16,564	17,029	465	24

壞紀律！原先定期定額的目的是平均成本、減少風險，我設定每次買進的金額，也享有 1 元手續費優惠。

二來單筆加碼雖然買到 16 元以下的價格，但付出更多手續費，加上單筆買進之後價格一天比一天還低，我多的只是悔恨，說穿了就是沒有耐心又貪心！由此再度證明，耐心等待也是一種修練。

不過在 2023 年 5 月的 AI 浪潮帶動之下，2022 年的播種全歡笑收割，帳面上獲利近四成（圖 4-11）。回過頭來，還是很感謝當初堅持加碼的自己。

圖表 4-11　感謝當時加碼的自己

類別	股票名稱	數量	單價	價金	原幣付出成本	原幣現值	原幣損益試算	手續費
現股	00878 國泰永續高股息	500	16.92	8460	8181	8515	334	1
現股	00878 國泰永續高股息	1000	16.88	50640	49032	51087	2055	72
現股	00878 國泰永續高股息	5000	16.89	84450	81770	85144	3374	120
現股	00878 國泰永續高股息	500	16.76	8380	8101	8515	414	1
現股	00878 國泰永續高股息	500	16.67	8335	8066	8515	409	11
現股	00878 國泰永續高股息	500	16.99	8495	8216	8515	299	1
現股	00878 國泰永續高股息	1000	16.99	16990	16454	17029	575	24
現股	00878 國泰永續高股息	2000	16.73	34680	33609	34058	449	49
現股	00878 國泰永續高股息	2000	17.08	34160	33648	34058	410	48
現股	00878 國泰永續高股息	500	17.17	8585	8446	8515	69	1
現股	00878 國泰永續高股息	1000	17.19	51579	50803	51087	284	73
現股	00878 國泰永續高股息	2000	17.08	34160	33648	34058	419	48
現股	00878 國泰永續高股息	1000	17.12	17120	16864	17029	165	24

4-5

看殖利率切入買點——678 養金雞母法則

　　我們在第 2 章的時候，已經知道 ETF 不是一間公司，沒有獲利營收、EPS，更不會有本益比、股價淨值比這些通常用來衡量加碼點跟認定合理價的數據。

　　那要如何知道高股息 ETF 的合理價呢？以及最佳買進時機該依據什麼呢？答案就是殖利率！

◆ 想領息不貼息，就得學會逢低買進

為什麼大家都要拚張數，關鍵在於配息的計算單位，以及每單位發放多少股利。所謂每單位就是股票的（股）數，舉例來說，如果你有 1 張，等於有 1 千股，那就代表有 1 千單位。

以 00878 為例：每單位發放現金股利 0.28 元，等於一張可以領 280 元（0.28×1000），有十張就可以領 2800 元。

我們回到源頭討論，以 00878 為例，當我們資金有 15 萬元，在不同股價時買到的張數會不同。股價 15 元時可以買到十張，也因此可以領到的股息就是 2800 元（280×10）；但是如果股價 16.5 元，就只能買到 9 張，領到的股息是 2520（280×9）；18 元時只能買 8 張，領到的股息只剩下 2240（280×8）。

所以一樣的資金但買在越便宜的價位，就能買到越多單位數、領到更多股息、享有更高的殖利率。那麼反推回來，我們買進高股息 ETF 的時間點，就可以看殖利率切入，這就是殖利率計算的意義。

殖利率＝現金股利 ÷ 你買進股票的價格

我們持有高股息 ETF 的目的是領息，也就是說，無論買的價格是多少錢一單位，每單位能領到的息都是一樣的。所以結論就是：買的價位越便宜，殖利率就越高。

❖ 以 3 檔熱門高股息 ETF 試算進場點

　　前面提到 00915、00918、00919 這 3 檔，在 2023 年有年化殖利率破 10% 的紀錄，而台股平均殖利率為 5%。

　　既然高股息 ETF 在追求高殖利率，所以我們以殖利率 6% 為最低標準，加上更高一點的 7%、8%，來試算高股息 ETF 的進場價格，我稱之為「678 養金雞母法則」。以下以 0056、00878 以及 00929 這 3 檔來試算。

	以平均年股利 2.2 元計算	相對應價格（元）
0056	年化殖利率 6%	36.6
	年化殖利率 7%	31.4
	年化殖利率 8%	27.5

根據以上的計算結果，簡單來說 0056 在 36 元以下都能閉眼買，36 元以上就是太貴了！

	以平均年股利 1.12 元計算 （0.28×4）	相對應價格（元）
00878	年化殖利率 6%	22
	年化殖利率 7%	18.86
	年化殖利率 8%	14

結論是 00878 在 18、19、20 元，都是很不錯的買進點。

	以平均年股利 1.32 元計算 （0.11×12）	相對應價格（元）
00929	年化殖利率 6%	22
	年化殖利率 7%	18.9
	年化殖利率 8%	16.5

同理，00929 的試算結果，若是 19 元以上都太貴。

再白話一點來解釋，股票殖利率就是：你買這檔股票，會得到多少％的股息。所以很明顯的，以殖利率的計算公式來看，你買進的股價越低，殖利率就越高；反之買進的股價越高，殖利率自然就越低。

主播小提醒

買高股息 ETF 謹記：高殖利率不等於高報酬率，含息報酬率才是關鍵。

【實戰篇2】

獲利穩定再做價差，
4 個關鍵讓你賺更多！

5-1

選對優質台股基金，
10 年報酬率 170%

投資任何商品前，做好功課是自己的責任，比起期待別人即時給出建議，或全然聽信別人的建議，加強自己的對商品的認知會更加可靠。本書到現在，相信讀者已經學會 ETF 跟籌碼面無關，同時也清楚了解買高股息 ETF 跟市值型 ETF，報酬率也一定會有差別。

◆ 我的資產配置：兼具主動 & 被動投資

在投資市場容易分派別，例如主動投資對上被動投資，或

是價值投資對上成長股投資，也因此容易產生文人相輕的現象。當我在金融市場的資產增加之後，越來越重視資產配置，也就是希望能做到攻守兼備，會進攻也要會防禦。

這在投資基金市場方面，需要做的就是「持續投入平衡型基金」。我也一直持續這麼做，以打造現金流建構被動收入，將股票型基金的獲利單筆轉入配息型（關於更多基金知識，可以參閱我的第一本書）。

但儘管我費盡唇舌，許多人還是被惰性所拖累懶得開基金戶，所以遲遲無法進入基金投資市場，但難道就不投資嗎？

於是我重新思考後，發現在股市中也有像基金一樣穩健，且可以無腦投資，同時滿足我想實驗並建構被動收入的商品，那就是ETF。

ETF跟基金、股票有差異（詳見第2章），買法不同、門檻也不同。我不建議從3千元開始，而是要準備多一點資金，根據上一章教的 「678養金雞母法則」，看好殖利率漂亮的買點進場。但跟投入基金一樣，需要的是紀律跟時間，買了以後一樣睡得著。

我以基金起家，從主動式基金到ETF也就是被動式基金，做的事情都一樣，就是紀律扣款、逢低買進。面對詭譎不

定的投資市場，什麼樣的資產最迷人呢？答案是「可以逢低一直買進的」。只要做好資金配置，在價格低檔期間持續買進，降低平均成本並穩穩增加資產。

說到股神巴菲特，他手中的部位也是兼具主動投資跟被動投資，我們身為一般投資人當然也可以學習他的投資方式。巴菲特是主動型投資人的表率，他擅長研究選股，從早期的可口可樂到最近的蘋果。

甚至 2022 年股市疫後復甦，他賣出串流影音平台 Netflix 並買進派拉蒙影業，結果湯姆克魯斯主演的捍衛戰士續集在全球票房開出紅盤，就知道薑還是老的辣。

❖ 主動、被動基金各有優勢

我們來進一步認識何謂被動式基金。前面章節提過，ETF 的投資目標是達到與某個市場相同的投資績效（例如台股大盤）。做法是基金經理人選擇某個市場的對比指數，透過追蹤該指數的組成成分去調整持股持債，讓 ETF 走勢能夠貼近大盤。但基金經理人不需主動選股選債，貼著指數調整就好，因此管理費相對比較便宜。

　　相反地，主動型基金是由基金經理人主動管理，決定持有股票或債券的進出場時機。其目標是打敗市場獲得超額報酬，創造出比大盤指數更高的投資報酬率。也因為基金經理人有主動選股選債的工作內容，因此管理費較貴，就像付服務費請人幫我們賺錢的概念。

　　市場上有一派聲音，嫌棄主動型基金的報酬率無法贏過被動型基金，認為付管理費根本就是白花錢，這個就看個人信仰。

　　對我來說，主動被動都好，能賺錢的就是好基金，兩種我都會買。不知道該挑哪支基金的人，就買 ETF；有看小姐姐的上一本書的讀者，學會了如何挑選基金，就買主動型基金。

　　從目前市面上的投資書籍、一般推廣的投資概念，以及從身邊親朋好友和同事的小小民調，現今投資人喜歡的無非是「波動低一點，安全穩健些，有現金流更好」。事實上魚與熊掌無法兼得，在安全跟波動低的條件下，所獲得的投資報酬就會是貼近大盤的報酬。也因此高股息 ETF 適合所有人作為配置，因為安全穩健且能提供現金流。

◆ 選對台股基金的 4 大心法

但是如果有多餘的資金,我認為存台股基金可以做到錦上添花的資產配置。就像吃潛艇堡時,可以只選擇麵包夾肉、不要配料不要醬料,這樣吃起來價格便宜,也不會有意外的滋味,是相對安全的選擇。

倘若今天想吃得飽一點、豐盛一些,就可以自主選擇多加配菜跟醬料。前者就如同 ETF,後者的選擇就像台股基金。

以下跟讀者分享,選擇優質台股基金的四大心法:

1. **基金規模**:規模越大,經理人操作的彈性越高。
2. **歷史績效**:雖然過去不代表未來,但透過長期績效更能驗證經理人實力。
3. **同類比較**:也就是所謂的分組排名,無論 3 年或 10 年都名列前茅最好。
4. **關鍵指標**:衡量波動度跟報酬風險比的標準差(越低越好),及夏普值(越高越好)。

容我再重申一次,**主動投資跟被動投資並不衝突,且兩者**

能兼備，我們有防禦的堡壘，當然也能有衝鋒陷陣的軍隊。被動投資賺取的是貼近大盤的報酬，而主動投資則是要賺取超越大盤的「超額報酬」。

事實上一檔基金的好壞，在短時間是很難看出來的，只有經過牛市、熊市的錘鍊，透過長期績效都名列前茅的驗證，才具有說服力。就像巴菲特曾說過的：「這世界上成功的投資大師，沒有做短線交易的。」

我曾遇過買基金的投資人，常常這個月買，下個月就希望就看到 15% 的報酬率。用追高殺低、買股票的心態進行波段操作，這種操作在長線投資很容易失敗，到頭來也大多是白忙一場。

無論主動跟被動投資，都需要的共同公約數就是「耐心」。老牌的台股基金，因為歷經牛熊，面對金融風暴也能挺過去，且一路淨值向上，這樣的基金就很適合長期持有。

在台股中，有成立超過 20 年、創造超過 20 倍報酬的台股基金，這是什麼概念？就是假設一開始用 5 萬元單筆買進，20 年之後變成 100 萬的意思，以表 5-1 舉例定期定額 20 年賺十倍的台股基金。

如果我們以走過一輪牛市、熊市作為基準，也就是 3 年一

圖表 5-1 20 年報酬率超過 1000% 的前十名台股基金				
基金名稱	三年	五年	十年	近二十年
安聯台灣科技基金	108.61%	189.54%	697.35%	1874.9%
野村中小基金累積	120.63%	163.44%	389.44%	1759.62%
統一奔騰基金	134.67%	151.71%	429.16%	1635.27%
野村成長基金	114.91%	211.45%	380.93%	1514.93%
安聯台灣大壩基金 A	60.77%	134.92%	472.21%	1497.88%
統一黑馬基金	133.24%	147.82%	444.42%	1486.32%
統一大滿貫基金 A 類	53.48%	77.56%	218.74%	1400.94%
野村優質基金累積	114.96%	211.40%	413.28%	1209.78%
復華中小精選基金	68.71%	51.67	354.45%	1208.14%
宏利台灣動力基金	70.78%	86.59%	309.91%	1136.13%
台股大盤加權指數	25.71%	25.71%	109%	692%

資料來源：晨星，績效為台幣定投累積報酬，累積數據統計至 2023/6/30

次的景氣循環，以 5 年績效來說，等於走過近兩次景氣循環。如果再加上 10 年績效標準來檢視，等同於走過三次景氣循環。接著我們納入規模夠大、成立時間夠久的基金。根據以上條件，篩選出表中的 10 檔台股基金。

以成立 15 年以上的台股基金來看，累積 10 年報酬率，長抱最多能創造出 6 倍績效，達到 3 倍績效的也有 3 檔。以累積 5 年報酬率來看，其中 6 檔基金都有翻倍的績效。

我再重申一次，基金雖然內扣費用相對 ETF 高，但我們的目的是獲取超額報酬，透過績效表也看的出來，選對台股基金績效勝過大盤！

會建議選擇台股基金，也是因為貼近投資人，每月 3 千元開始投資，是個很好的成長池。

透過表 5-3 可以看到，「年化報酬率」跟「累積報酬率」的差異在於：年化報酬率加入的時間複利的概念，也就是加入投資年限，把累積的報酬率轉換成每一年份可得的報酬率。當有了年化報酬率的概念，再透過複利效果計算後，讀者會更有感覺。

從這個表可以看出，以投資人定期定額投資年化報酬率 6% 到 10% 不等的商品來說，無論主動基金或是 ETF，都比只

圖表 5-2 台股基金定期定額報酬率前五名

基金名稱	三年	五年	十年
統一黑馬基金	41.49%	104.37%	228.71%
安聯台灣智慧	23.5%	74.2%	214.9%
野村優質基金	40.97%	97.87%	223.24%
日盛新台商基金	64.68%	96.83%	201.76%
安聯台灣大壩基金	18.7%	60.2%	181.6%

資料來源：晨星、鉅亨買基金

圖表 5-3 每月投入 3 千元的時間複利效果

投資期間	本金	報酬率 6%	報酬率 8%	報酬率 10%
5 年	18 萬	24 萬	20.9 萬	57.9 萬
10 年	36 萬	64.4 萬	77.7 萬	93.3 萬
15 年	54 萬	129.4 萬	171.2 萬	225.5 萬

是存錢累積財富來得快。尤其時間越長、報酬率越高，54 萬的本金經過 15 年，放在報酬率 10% 的商品，直接翻 4 倍變成 225 萬。透過時間跟耐心和持續投入，可以看到長期投資綻放出的絢爛財富之花。

36 歲的阿凡，是一位月薪 4 萬元的企劃人員，看了我的書後也開始買基金。我的第一本書問世的時間點是 2021 年底，阿凡在 2021 年的 12 月開始定期定額扣款，緊接著全球股災就發生了，標普 500 指數、那斯達克指數、費半指數接連落入熊市。

當時他寫了私訊給我，覺得自己運氣很差，怎麼一進場就遇到景氣衰退、碰上股災。

我回覆他：「千萬別這樣想，其實一開始投資就遇到股市崩盤，是你有生以來最幸運的一次，因為可以買在相對低點讓錢去滾複利。這道理很簡單，一樣的錢過去只能買一張，但在低點卻能買兩張。投資有句話說：『投資的勝率有八成決定在買進的瞬間』。把眼光放遠，10 年後的財富至少會差一倍，未來的你一定會感謝自己。」

在金融工具的選擇上，我們知道 ETF 的人氣超旺，尤其是訴求「高股息」、「領息」的產品買氣都相當熱絡。**但若以**

台灣投資人最熟悉的市場──台股來看，台股基金的績效並不亞於台股 ETF。

尤其 2023 年在 AI 科技浪潮加持下，漲勢都集中在龍頭股。這樣的市場氛圍下，懂得選擇共同基金，才能趁勝追擊優質個股，創造超額報酬。

5-2

白天台股＋晚上美股，24小時都有被動收入

　　再次強調這句巴菲特說過的名言：「如果你沒辦法在睡覺時也能賺錢，就會工作到死掉的那一天。」（If you don't find a way to make money while you sleep, you will work until you die.）巴菲特是希望我們不要只靠工作來獲取收入，更要學著讓金錢為我們工作，當然也就是呼應第1章節提到的「資產家生活」。

　　投資如同經營公司，透過白天台股、晚上美股，讓我們的基金配置24小時幫你賺錢，就像一間國際化公司。選定體質好的標的，讓自己成為好公司的股東，這些公司的員工會全天

候幫我們工作。實踐的方法，就是同時申購台股及美股基金，獲得超越大盤的「超額報酬」。

◆ 核心部位一定要有美股，也要避免踩雷

無論選擇基金或 ETF，好處是可以連結各式標的。除了佈局台股，我建議核心部位一定要有美國，許多人會透過 ETF 佈局參與美股市場，我個人還是以基金操作為主。

主要是台股的主題型 ETF 交易量不夠大，個人會擔心流動性不佳；二來我喜歡選擇老牌美國科技基金，因為有績效可以參考，抱起來更為安心。

我個人的台股跟美股部位，佔比約各半。操作過個股的讀者，應該都知道白天要看台股、下午要關注歐股開盤、晚上看美股開盤看到半夜。但我認為投資應該是讓生活順心，而非精神緊繃以致生活品質扣分。所以台股基金我選擇會衝的股票部位，美股則是平衡型跟科技基金兼備。

當然 2023 年適逢債券難得低點，我也單筆佈局投資級債券。平衡型的部分就是靠現金流達成基金養基金，這在下一章會進一步說明。

　　事實上，美股的選擇若有不慎也會踩雷，舉例 2021 年績效最好的法巴能源轉型基金，還有堪比坐雲霄飛車的摩根士丹利美國增長基金（以下簡稱美增）。由下頁的兩張圖，可以很明顯看到，這兩檔基金從 2021 年的高點之後，績效始終在後段班。

　　法巴能源基金是主題式基金，很吃風氣還有大環境，偏題材面而非基本面，因此不在我們討論的範圍。再來看美增，這檔基金是過去的大明星，名字中有「美國增長」，意思就是背後的持股都是美國成長股。

　　我們要先知道成長股的特性，就是漲跌都比其他人兇猛，具有漲更多跌也更多的特性。但你可能想問：2023 年初 AI 帶動的大漲，怎麼沒有讓美增績效回神呢？

　　如圖 5-5，我們可以透過基金月報跟基金持股，去仔細端詳這檔基金裡面的模樣，也就是看美增的十大持股（關於更多的基金篩選方法，請看我的上一本書）。

　　一看不得了，美增前十大持股中，有 7 檔從 2020 年當時股災的低點到 2023 下半年都是虧損的，其餘 3 檔則是本益比都很高，分別超過 500 倍、300 倍跟 80 倍。通常在高利率的環境之下，資金會先從高本益比的個股（尤其是科技股）抽離，

圖表 5-4　**兩檔基金 2021 年高點後的表現**

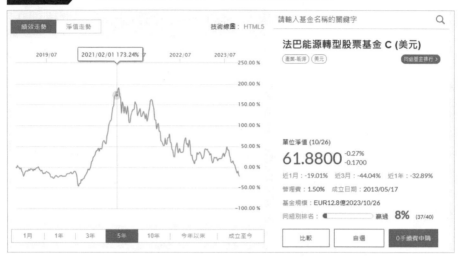

資料來源：鉅亨買基金

圖表 5-5 美增的十大持股

資料來源：基富通

引發股價大幅修正。那麼既然大環境的狀態是如此，就是看各個選手的本事了。

這就像是跑極地馬拉松，經理人無法控制大環境的限制，但可以調配持股。而其他訴求美國成長的同類基金，其表現跟持股狀況，又是如何呢？

❖【實例】3檔美股基金績效比較

由下頁兩張圖可以看出，聯博美國成長跟摩根美國科技，這兩檔基金的前十大持股，都有著名的科技七巨頭。也就是

圖表 5-6　聯博—美國成長基金十大持股

資料來源：基富通

圖表 5-7　摩根基金—JPM 美國科技十大持股

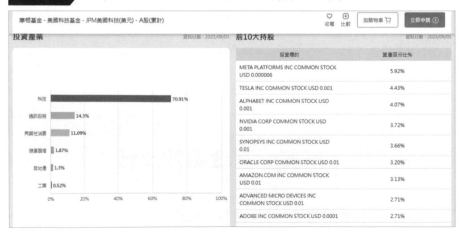

資料來源：基富通

蘋果 Apple、微軟 Microsift、Google 母公司 Alphabet、亞馬遜 Amazon、輝達 Nvidia、特斯拉 Tesla 和臉書 Meta 等七家最大的科技公司。

　　不同於美增的持股,以上兩檔基金的前十大持股幾乎年年賺錢。2023 年初,各家選手一樣是在極地跑馬拉松,上述兩位選手因為裝備齊全、準備周到,通過暴風雪之後穩定往終點邁進。但美增選手卻在暴風雪下重傷,遲遲難以復原,從圖 5-8 的三年績效比較顯見,只有美增還是負報酬。

圖表 5-8　3 檔基金三年績效比較

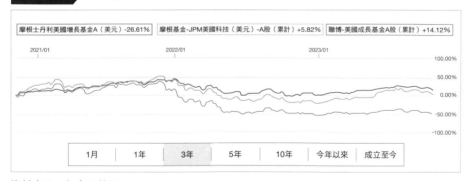

資料來源:鉅亨買基金

　　我們再從報酬率來看:

　　2020/3～2021年,相對高點時定期定額報酬率:美增

42.43%，摩根美國科技 40.88%，聯博美國成長 28.19%。

2020 / 3～2023 / 1 / 30，定期定額報酬率：美增 25.50%，摩根美國科技 12.92%，聯博美國成長 9.58%。

很明顯，美增在 2020 年的熱錢簇擁之下，漲幅超越其他選手，但別人都賺錢了它卻還沒獲利，那也許經理人跟背後團隊的選股邏輯，就不符合我們想長期持有的理念。

談完了美國，也會有人問說歐洲呢？或是生技基金呢？事實上大家資金有限，佈局美國和台灣，我個人認為已經足夠。也或許過去大家買基金是習慣搭上特定主題，例如當年的世礦或是黃金，但我對於不了解的產業不會去佈局。

至於黃金，大家要知道買黃金基金並不等於間接持有黃金，黃金基金背後連結的是投資的金礦公司。所以想稍微佈局避險資產的話，不如持有黃金存摺，而我個人避險方面則選擇佈局在債市。

雖然 2022 年出現罕見的股債雙跌現象，但若接下來貨幣政策正常化，應該在 2023 年底至 2024 年，就會看到聯準會降息。

降息的理由就是經濟衰退，經濟衰退時股市會有比較大

的回檔，而一降息債券價格就會彈，那麼此時就會產生避險作用。債券價格的上揚會有彌補股市的虧損的作用，也就是將資產的波動度降低，實現「再平衡」。

> **5-3**
>
> # 高獲利基金買法，
> # 有這兩個操作技巧

　　我不斷強調，投資台股基金是要獲得「超額報酬」，接下來就用大家最喜歡看的對帳單，來看我的高獲利買法。

❖ 第一：在「相對低點」佈局

　　以下數據截止至 2023/5/31，大盤加權指數漲幅 17%。而我定期定額扣款一年的台股基金，停利提醒 25%，至 2023/6/16 漲幅 34%，單筆投資報酬已經達 50%。超額報酬的關鍵在於，投資基金除了一樣要紀律定期定額之外，一定還會再做一件

事，就是「低點加碼」。

　　這時候你就會問了，但怎麼知道哪裡是低點？低點的判斷是什麼？這部分稍後再來說分明。先來看看下面這個標準的微笑曲線，從 2022 年 5 月底到 2023 年 5 月底，剛好走出一個微笑曲線（見圖5-9）。定期定額最重要是做到紀律，這筆基金從去年 6 月 6 月開始扣款，2022 上半年時，遇到台股回檔到13000，2023 年六月又站回去 17000，走出一個微笑曲線。

圖表 5-9　一個標準的微笑曲線

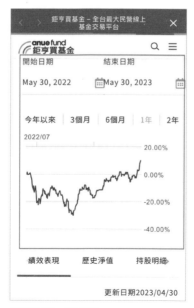

資料來源：鉅亨網

◆ 第二：在低點「密集扣款」

我們不是神仙，所以無法掌握絕對低點，如果可以的話我早 all in 壓身家啦！但仍然可以在「相對低點」佈局。透過以下我的對帳單，可以對照過去一年每次單筆加碼的時間點。

2022 年初時台股還在 18000 點，甚至喊出 2 萬點，之後發生烏俄戰事，通膨高漲，許多黑天鵝事件衝擊全球的金融經濟，全球股市開始往下走。

我在相對低點單筆申購、單筆加碼都有是有原因的，尤其去年 6 月時，一個月單筆加碼三次，這是為什麼呢？

因為台股在該月市值蒸發 5 兆，美國的 CPI 來到 8.9%，創下 40 年新高，讓台股跌破 16000 點往下走。而當市值再度跌破 13000 時我又加碼，而且用兩倍的金額扣款，但是定期定額款仍舊不會停，這就是所謂的低點密集扣。

在投資的路上，我們都知道想賺錢的方法就是「買低賣高」，聽起來再容易不過的四個字，執行起來卻可能難如登天。

再重述一次，畢竟我們不是神仙無法預知高低點，但至少可以知道，**每次系統性風險引爆的股災都會是相對低點**。如果

圖表 5-10　**2022 年 6 月低點密集扣 3 次**

※ 查詢期間：近一年	
單筆申購	
單筆交易總成本（庫存單位數）	
投資報酬率	42.84%
委託日期	交易申購日
2022/10/26	2022/10/26 ⊙
2022/10/12	2022/10/12 ⊙
2022/06/24	2022/06/24 ⊙
2022/06/21	2022/06/21 ⊙
2022/06/14	2022/06/14 ⊙

資料來源：鉅亨買基金

能夠在那時候勇敢進場，從歷史經驗來看，當時含淚播種者必歡笑收割。

　　甚至如果可以，真希望在 2022 年的那時候，自己能夠投入更多資金到市場。雖然千金難買早知道，時間無法重來，但還好，我找到了一套可以持續執行「獲利的 24 小時」的賺錢術。

5-4

科技基金永遠不敗

　　上述已經說明，我累積資產的方法是「雙核心」，讓資金 24 小時都能夠有效率地賺錢。台灣佈局優質台股基金，美國的核心持股當然就是科技股了，因為帶領人類文明持續成長的一定是科技，能使股市創新高的，不會是可口可樂或艾克森美孚石油，一定會是科技類股。所以持有美國大型科技股，也等於掌握財富密碼。

　　創新科技已經掌握各行各業的遊戲規則，觀察當前眾多尖端科技技術已同步成熟、甚至可互相結合，相關應用也陸續推出。

像近來最夯的 Chat GPT，讓生成式 AI 聊天機器人成為各品牌角力戰場，並轉向著重商用化，也就是貢獻獲利能力。顯見科技業已具備把創意和新技術，進一步轉換成實際營收數字的能力。

而景氣指標風向球也就是半導體，今年面臨逆風壓力。世界半導體貿易統計協會（WSTS）下砍 2023 年全球半導體銷售額預估，銷售額估減 10%，將創 4 年來最大減幅。但科技板塊的長線多頭格局並未改變，2024 年半導體銷售額預估呈現強勁反彈，有望創下歷史新高紀錄。

以長期眼光來看，科技發展只會越來越進步，不會被短期市場波動干擾而停滯，如果想搭上科技浪潮的投資契機，佈局科技基金就是最好的方式。

而我持續看好科技基金有 3 大原因：

1. 科技長期發展的趨勢，不會因為經濟衰退或獲利下滑就停滯。從過往績效來看，儘管遇到地緣政治風險或是金融風暴，淨值還是長期向上。

2. 科技類股憑藉其長期競爭力，在投資市場都能有相對突出的績效表現。自 2011 至 2023 年的 12 年間，科技類股長達 10

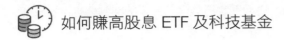

年的績效，都位居各資產類別前五名！

3. 科技基金的操盤團隊有敏銳的市場洞察力，會挑選高成長且具有長期利基的科技股。

【資產配置篇】

輕鬆享有被動收入，
打造自己的退休金流

6-1

平衡型基金納入配置，100 萬可年領 7.2 萬

以我自己來說，平衡型基金是除了股票型基金之外的第二大部位，在 2021 年這波下殺中，平衡型基金相對抗跌的特性就非常明顯。

以圖 6-1 為例，在沒有停扣的狀態下，美股寫下半世紀來的最差表現，但平衡型基金的跌幅只在個位數，跟其他兩檔美股科技型基金兩位數跌幅相較之下，抗震許多。

投資美股的方式，也是透過選擇好標的的科技基金。但有個前提要知道，科技基金屬於高成長基金，因此漲跌也相對大，如果不是經歷過太多金融風暴的人，看到帳面虧損超過四

圖表 6-1　平衡型基金與科技基金跌幅比較

安聯收益成長基金-AM 穩定月收類股 (美元)

淨值日期	2022-07-19
參考淨值	7.9800(USD)
漲跌	-0.0100(-0.13%)
平均申購淨值	8.6800 (USD)
報酬率 (含息)	2.50%
報酬率 (不含息)	-4.93%
參考損益	
累計配息	
投資本金	
庫存單位數	

貝萊德世界科技基金 A2 美元

淨值日期	2022-07-19
參考淨值	53.9400(USD)
漲跌	-0.4200(-0.77%)
平均申購淨值	70.5800 (USD)
報酬率 (含息)	-19.28%
報酬率 (不含息)	-19.28%
參考損益	
累計配息	
投資本金	

摩根士丹利美國增長基金 A

淨值日期	2022-07-19
參考淨值	124.0600(USD)
漲跌	-3.0500(-2.40%)
平均申購淨值	248.7000 (USD)
報酬率 (含息)	-46.79%
報酬率 (不含息)	-46.79%
參考損益	
累計配息	
投資本金	

資料來源：基富通

成應該都會害怕。但別忘了，除了主動投資，還有 00878 的被動投資當我們的避風港。

換句話說，我們從 5% 到 50% 的報酬率都有涉略，也因此我們的投資組合就有足以承受 –50% 報酬的風險承受度。**除了做主動投資，也要同時佈局被動投資，即是本書重點。**

不過如前所述，科技基金因為屬於成長股，跌幅 20%、30% 都有可能，同樣的，回升速度也更快。如果因為怕股市震盪太大、心臟不夠大顆，還是不敢進場的投資人，平衡型基金就是你的浮木了！

❖ 教你怎麼挑選母基金

我們可以把單筆金額放入穩定成長的母基金，透過股債平衡的資產配置，作為穩固的資金停泊港。再運用母子基金法，轉申購到成長性強的子基金，當子基金達到停利點，再贖回到母基金，持續壯大母基金金額。

1. 挑選母基金的要件

對我而言，母基金挑選的基準有主要兩項：第一，成立時

間至少 5 年以上，淨值長線一路向上；第二，必須是股債配置的平衡型，市場發生大幅度回檔的時候，才不會跟著股票型基金一起震，達到保護資產的作用。

因為子基金要衝，母基金要抗衡對沖風險，需具備防禦抗震且低波動的特性。因此母基金的首要目標不是賺大錢，而是要獲得比定存好一點的報酬率，保守穩定、波動低是首選。所以請不要選擇新興市場債券、新興市場本地貨幣基金、非投資等級債券等等，這些都不會是母基金的選項。

適合的選項是波動較低的全球平衡型基金、複合型債券基金或投資級債券基金。以下分享我認為適合作為母基金的選擇，先介紹 3 檔美國平衡型基金及 2 檔優質債券基金，如表 6-2。其中，前 3 檔平衡型基金雖然都是股債配置，但其中的配置比例不盡相同。

安聯收益成長是標準的三三三，也就是美國非投等債（B 及 BB 級佔比八成）、三成可轉債、三成美國股票。

駿利亨德森平衡基金則是股票跟債券比例不固定，經理人會根據狀況，調整維持 35%～65% 投資於美國企業所發行的各式股票，以及將淨資產價值之 35%～65% 投資於美國發行人所發行的各式債券。

圖表 6-2　**適合做為母基金的 5 檔美股基金**

基金名稱	三年績效	五年績效	十年績效	年化標準差	夏普值
安聯收益成長 AM 穩定月收	6.39%	30.6%	67.19%	8.43%	0.28
駿利亨德森 平衡基金 A2	5.7%	33.7%	74.03%	6.30%	0.29
富蘭克林坦伯頓 全球平衡基金 A	7.30%	16.30%	21.03%	14.68%	0.19
高盛投資級債	−15.57%	7.68%	24.49%	7.25%	0.06
富達美元債券	−14.30%	7.04%	17.76%	6.32%	0

資料來源：晨星，統計數據至 2023/11/15

　　富蘭克林最新的月報則顯示，目前股票佔比六成，債券兩成。高盛投資級債則都是 BBB 級以上債券，富達美元債券七成都是美國公債。根據以上，母基金的以下兩種選擇，就會有不同的結果：

(1) 若是選擇美國公債為主的投資級債券基金，AAA 比重較大者，例如富達美元債券基金。特色是一路向上、波動小，缺點是預期報酬低。

(2) 若是選擇股債搭配的平衡型或資產配置型基金，例如安聯收益成長、駿利亨德森。特色是一路向上、波動大，股災來臨時比不上投資級債或公債耐震，帳面可能會看到 –10% 以上的負報酬。

2. 年化標準差&夏普值

我們從數值來看，比報酬率更重要的，就是看衡量波動度的「年化標準差」，這個數值越低約好；而被視為 CP 值的「夏普值」則要越高越好。

從波動度來看，如表 6-2，駿利亨德森以及富達美元債券更穩健。對報酬率要求較高的投資人，則可以考慮佈局安聯收益成長跟駿利亨德森這兩檔。

◈ 適合作為母基金的台股基金

除了美股，其實台股中也有很適合作為母基金的平衡基金，以表 6-3 與讀者分享。

2022 年也是操作母子基金的好時機，越動盪越需要配置再平衡。目前很多投信還有基金平台都有推出類似機制，投資

| 圖表 6-3 | 適合做為母基金的 4 檔台股基金 | | | | |

基金名稱	三年績效	五年績效	十年績效	年化標準差	夏普值
復華傳家二號	14.08%	72.3%	181.8%	17.93%	0.3
野村鴻利	31.2%	70.4%	143.6%	22.01%	0.47
野村平衡	32.6%	71.8%	130.9%	21.46%	0.49
台新高股息平衡	34.9%	60.9%	112%	13.89%	0.76

資料來源：Lipper，績效為定期定額計算，計算截止日期 2023/11/20

人可以自己比較後做選擇。

關於主動基金在本書就不多贅述了，在我的第一本書中有關於主動基金的完整介紹。而透過買進被動基金也就是 ETF，我認為也是適合所有人的配置方式。

過去曾聽過一席話，認為散戶不需要做資產配置，但我並不那麼認為，理由是不同年齡的風險承受度不同。從學理來說，有一個普世的算法：如果我們以年齡來計算，用 100 減去現在的歲數，就是可以放在主動投資的比例。

假設讀者目前 35 歲，建議有七成的資產放在主動投資，例如股票基金、市值型 ETF；三成放在穩健保守的資產，例如

債券基金或高股息 ETF。

　　但如果你是小白不知道該怎麼選，那麼我覺得平衡型基金就非常適合入門的你，因為經理人會根據市況調整股債配置比例。而平衡型基金一樣也能定期定額，若是選擇這個方式就要挑選「不配息」的類型，讓息滾入淨值持續長大。

　　另一個佈局平衡基金的方法就是「基金養基金」，下一小節中會有更清晰的解說。大致的運作方法跟母子基金一樣，但是反過來，就是我將每次股票型子基金停利後，獲利單筆轉進累積型的平衡型基金。

　　當這筆基金總資產達到百萬時，我就轉申購換成月配息型，一個月能產生 6 千元的現金流，也就是下個章節所謂的「禮物帳戶」，讓我可以持續扣款兩檔台股基金。

主播小提醒

透過每一次的投資，都堆疊起財富的厚度，也增添對自由的主導程度。

6-2

用 4 個帳戶，
打造自己的專屬金雞母

這節主要是說明怎麼實作，我把從第一本書《我靠科技基金 4 年資產翻 3 倍》，那些翻倍出來的資產分為 4 個帳戶，讓資產持續創造價值，進一步提供現金流，如表 6-4。

1. 火箭帳戶

為什麼叫作火箭帳戶，因為這個帳戶主要扣款在波動大的科技基金跟台股基金，目標是創造報酬率，期待像火箭一樣快速增長。用每個月固定金額扣款，來持續壯大基金部位的資產。

圖表 6-4	作用不同的四個帳戶	
帳戶名稱	**作用**	**目的**
火箭帳戶	基金戶	持續定期定額扣款 5 檔台美科技基金，月扣金額 3 萬元
禮物帳戶	穩定戶	用配息基金的利息 6 千元，月扣兩檔台股基金，自成循環
果園帳戶	證券戶	定期定額扣高股息 ETF，壯大果園
龍頭帳戶	薪資戶	扣除放進火箭帳戶跟果園帳戶的錢，用來支付生活費的帳戶

2. 禮物帳戶

禮物帳戶裡建構的是被動收入循環，我將之前股票基金的獲益收入，一桶金轉進放在配息的平衡型基金，對我而言如同禮物般的存在。

這一桶金每個月能帶給我 6 千元的現金流，這 6 千元讓我做到基金養基金，不需要拿出多餘的錢。這個帳戶靠著被動收入的金流養出下蛋的金雞母，實現資產自己壯大。

雖然許多人會認為還沒退休不需要現金流，但透過這個帳戶的實踐，我更能體會被動收入的重要性。留給小孩的教育基

金和生活緊急準備金,都放在這個帳戶。

　　至於緊急預備金的做法,我以 10 萬為單位做定存,存 50 萬就做 5 筆,存 60 萬就 6 筆,需要錢的時候才解定存。郵局作為帳戶的好處就是穩,不會倒以及基本上忘了它。

3. 果園帳戶

　　也就是證券戶,這個帳戶就是本書重點。我也是放了一桶金,但不直接單筆買進,而是如同前幾章教的實戰買法,一年內用定期定額還有分批單筆加碼慢慢買入。

　　成本越低,能種的樹就越多,我的果園就能產生更多的果實(股息),將這些股息再投入種樹(買 ETF),來壯大被動收入系統。

4. 龍頭帳戶

　　最後的龍頭帳戶,也就是工作收入帳戶。別忘了持續提升自己,壯大本業、提高本金收入,利用第 1 章中的富人存錢公式,把收入扣除投資的剩餘金額,才花費在生活開銷。

主播小提醒

我們再複習一次這個重要的富人存錢公式：
富人存錢公式：收入－（儲蓄＋投資）＝支出

6-3
定期定額投入這 6 檔，穩穩賺取被動收入

❖ 2023 年高股息三大資優生

以下這 3 檔，是 2023 年季配息的三大資優生，2023 年配息紀錄單次年化配息率皆破 10%。

00915 凱基優選高股息是一檔高股息、高品質、低波動的 ETF，參考過去三年平均股利及新的股利，確保公司的獲利不是曇花一現。事實上，很多 ETF 都持續進化其選股邏輯，所以不能單看過去或未來，還要把最近這一季納進來。

00915 除了追求高股息，更重要的是還加上「低波動」此因素，就市值前 300 大的股票裡，經由每年兩次的篩選，來做為背後的選股邏輯。

00918 大華優利高填息除了訴求填息，還兼顧股利。所以選股邏輯是從上市上櫃前 150 的個股中，挑選出其營利為正，加上歷史填息率較高的前 30 名，來做為成分股，所以選股邏輯兼顧過去與未來。

00919 群益台灣精選高息則是兼顧現在跟未來的選股邏輯，一年更換持股兩次，分別是 5 月與 12 月。為了穩定選到高息股，00919 會在 5 月宣告股息後再更換，這些第一次選到的成分股，都是已知「實際配發」的股利率。也就是真的能付

圖表 6-5　用高股息三大資優生，月領一萬

ETF	2023 年殖利率	月領一萬所需張數
00915 （凱基優選高股息）	13.6%	約 43 張
00918 （大華優利高填息）	9.3%	約 84 張
00919 （群益台灣精選高息）	10.2%	約 55 張

出高股息的公司，才納入成分股調整到最佳隊形，讓投資人在除權息旺季能領到最多股息。

第二次的 12 月選股，則是會將 EPS 成長率納入考量，選進未來高息機率高的個股。

❖ 2023 年高股息三巨頭

接著分享目前最熱門的高股息 ETF 三巨頭。

0056 元大高股息在 2023 年有幾個比較大的變革。包含首度改為季配息、納入個股從 30 檔改為 50 檔。其年配息金額 2.2 元，打平歷史新高紀錄，也讓規模持續推升，穩坐高股息老大哥寶座。

00878 國泰永續高股息則是受惠 AI 概念股飆升，股價有較大漲幅，配息殖利率穩穩在 6～6.5% 之間。2023 年底的成分股汰換後，結果是「三進四出」，新增聯電、統一、世界先進；刪除南亞科、中鋼、宏基、開發金，並沒有刪除太多 AI 概念股。

00929 復華台灣科技優息挾著台股第一檔全電子股且月

月配，創下台股史上最快達成千億規模的ETF。同時作為首檔月月配ETF，從IPO（首次公開募股）到2023年底都是平穩配息，每月配息0.11元，吸引不少領息族的資金，所以規模躍升第三大！

以下分享00878跟00929每月買一張，實現月月加薪邁向財富自由的試算。

如果從現在開始，每個月「定期定額」買進1張00878，1年是12張。第二年靠股利再投入，可以多買一張，所以第二年可以累積到25張。第三年靠股利再多買2張，成為39張，等於第四年就已經存到50張。

我們保守以6%的殖利率計算，把每年的股利持續投入買進，第五年可以存到70張。到第七年就超過100張，到第十年則是170張，這時股利超過22萬元，可以再買超過12張股票，直接追上我們一年的股票數量。

再下一個不到5年的時間，這樣執行到第15年，就能賺取年股利40萬，平均一個月約可以領4萬元的被動收入。

也就是說如果30歲開始，到了45歲就可以完成月領4萬元的目標。但這期間我們還是要不間斷提升自己，專注本業提高收入，如果本業薪水已經提升到5萬元以上，等於一個月就有

超過 8 萬元的現金流。

雖然還稱不上財富自由,但可以握有更多選擇權、有底氣地工作,同時股票的帳面價值超過 5 百萬。如果有買房需求,也可以賣掉部分庫存,當作頭期款。

我們再以 00929 來看,如果一個月買一張,每個月的股利再投入,那麼到第十年可以加買的張數是 13 張,主要就是月月配加快累積的速度。

以年化殖利率 7.5% 計算,只要到第七年,年領息超過 12 萬,每個月就能有被動收入 1 萬;到了第十年,股價價值已經約如表 6-7 的試算。

主播小提醒

想要擁有真正的「自由」,你必須先養成「自律」!

圖表 6-6 ▸ 用高股息三巨頭，月領一萬

ETF	2023 年殖利率	月領一萬所需張數
0056 （元大高股息）	6%	約 54 張
00878 （國泰永續高股息）	6.5%	約 96 張
00929 （復華台灣科技優息）	7.5%	約 90 張

圖表 6-7 ▸ 00929 的十年存股計算表（每買一張累積股息再投入）

年度	累積張數	年領息（元）	加買張數
第一年	12	14400	1
第二年	25	30000	2
第三年	39	46800	3
第四年	54	64800	4
第五年	70	84000	5
第六年	87	104000	7
第七年	106	127000	8
第八年	126	151200	9
第九年	147	176400	11
第十年	170	204000	13

6-4 不同薪資該怎麼買？都幫你算好了

有一個我蠻常問被問到的問題，「璇依主播，薪水不高該怎麼投資，我對基金很心動，但也想靠高股息 ETF 來創造未來的現金流，該怎麼辦呢？」

◆ 根據收入高低，選擇投資方法

我用以下幾個情境，來幫讀者分享我認為合適的投資方法。首先不論年紀，而是根據收入來分配資金跟工具，**當收入少的時候目標只有一個，那就是積極增加資產**，所以要追求豐

厚的本利和。

　　薪資越少的時候，全押主動基金就沒錯。不論是單筆或是定期定額，台股主動式基金績效都比 ETF 好，無論一年、三年還是五年都一樣。所以透過主動基金累積資產，是最有效率的方式。

- 情境一：薪資 3 萬元，月扣 6 千元全買基金。
- 情境二：薪資 4 萬元，一個月買半張高股息 ETF，月扣 6 千元買基金。
- 情境三：薪資 5 萬元，一個月買一張高股息ETF，月扣 6 千元買基金。
- 情境四：薪資 6 萬元以上，一個月買一張高股息 ETF，月扣 9 千元買 3 檔基金。

　　情境一到三中，雖然我設定的是 6 千元，但如果可以把薪水的三分之一都拿去投資，是更快擺脫窮忙的方法，達成高效率投資術。

　　情境二薪資 4 萬的投資人，若還沒 40 歲我也建議全押主動基金；如果超過 40 歲，則可以開始慢慢養大果園，一個月

再加買半張高股息 ETF（資金約 1 萬元）。

薪資 5 萬元以上的人，通常也是三明治族，可以投資的資金有限，但同時也得思考跟佈局現金流策略。所以建議他們一個月買進一張高股息 ETF（資金約 2 萬元），並且維持主動基金的扣款。

最後，薪資 6 萬元以上的人，除了一樣維持每個月買進一張 ETF，還可以提高主動基金的投資比重。

◆ 累積張數後，看到複利的力量

而買進的方法除了定期定額，也可以採取「定期定額＋逢低加碼」的投資策略，根據自己的薪資和年紀，選擇相對應的投資法。

留下緊急準備金之後，在龍頭帳戶也就是主要薪資收入的帳戶，除了固定薪水，還會有分紅、年終獎金、績效獎金等入帳。若還有餘力，這些錢可不能拿去吃喝玩樂，而是要當作銀彈庫，等待股災時「逢低加碼」之用。

如此一來有可能將年均報酬率拉高到 10%，但不要停止自己的養大資產計畫。除了透過主動基金會衝的特性，讓火箭

帳戶發揮最大功用，也透過果園帳戶播種慢慢種樹。雖然是一個月買進半張或一張 ETF，但只要維持紀律投資且複利再滾入，持續貢獻股利，就能安穩地規劃退休生活。

　　上述的方法主要是透過累積張數，讓大家知道時間複利的力量。那為什麼對於月薪只有三、四萬元的上班族，建議先買半張高股息 ETF 呢？

　　首先，我希望大家還是要佈局主動投資，一定要透過優質的基金提高報酬率。第二，若每個月買一張高股息 ETF，大約要 2 萬元，等於是薪資的一半，負擔會比較大；若用半張計算，一個月撥出約 1 萬元，兩個月也就能有一張，亦能實現累積張數的成就感。

圖表 6-8	每月投資一萬元，未來每月可領現金流試算			
殖利率	五年	10 年	20 年	25 年
4%	2167	4802	11911	16658
5%	2763	6289	16533	23864
6%	3382	7908	22071	32919

注：以上情境以每個月定期定額投入 1 萬元，且平均買進股價、平均每年領到的股利不變。

6-5
勞保可能破產，勞退不會破產，盡早佈局退休金

作為財經主持人，時常主持各大財經記者會，「退休」相關的議題，是 30 到 50 世代都相當在意的話題。

相信大家都常常聽到「不要仰賴政府，因為退休金帳戶會破產」這句話。事實上這句話對一半，但也錯一半。

所謂有破產疑慮指的是「勞工保險」，也就是俗稱的勞保；而退休之後的收入來源分為兩個，分別是勞保跟勞退。簡單來說，勞退就是雇主每個月提撥給你的薪資 6%，這筆錢會放在退休專戶，沒有破產疑慮。

有破產疑慮的是勞保，勞保的本意跟健保一樣，屬於保險

圖表 6-9　勞保勞退比較表格

	勞保 （勞保老年給付）	勞退 （勞工退休金）
分別是什麼	勞保為在職保險，有工作則有勞保；分成 5 種給付，包含生育給付、傷病給付、失能給付、老年給付和死亡給付	雇主依法給付給勞工的退休金
資金來源	雇主負擔 70% 勞工負擔 20% 政府負擔 10%	雇主依法每個月規定需提撥6% 勞工也可在工資 6% 範圍內，自行提繳退休金
資金保管	共同集中管理的基金	個人帳戶
領取期限	活到老領到老	領到平均餘命為止
領取條件	投保年資滿 15 年：2008 年12 月 31 日前具有勞保年資者，退保時有月領或一次領 2 種選擇。如果是 2009 年後才投保者，則只能選擇月領年金。 投保年資未滿 15 年：勞工退保時，只能選擇老年給付一次領。	年滿 60 歲、工作年資未滿 15 年勞工：只能請領一次退休金（一次領） 年滿 60 歲、工作年資滿 15 年以上勞工：可以選擇請領月退休金或一次退休金（月領或一次領） 未滿 60 歲、但喪失工作能力：得提前請領勞工退休
領取方式	老年年金／老年一次金	月退金／一次請領退休金
破產危機	入不敷出就可能破產	無破產危機

的一種。原意是勞工在職期間按時繳納保費,離職時辦理退保,之後依符合的條件提出請領申請。

但是大家都知道,目前台灣社會處於少子化,也就代表參與勞保的人數會遞減,但需要請領的人會持續增加,入不敷出的狀態之下就可能會破產。

❖ 勞工退休金跟著人走,一定領得到

那要知道自己有多少退休金呢?其實每個人都可以透過勞動部 APP 查詢自己的勞退專戶,而這些由雇主或自己提撥的退休金,改制之後屬於可攜式帳戶。

過去的勞退舊制年資不可攜帶,也就是說一旦換了公司或是公司經營不善歇業,累積的勞退金可能會受到影響,甚至有可能化為烏有。

所以在 2005 年 7 月施行的「勞工退休金條例」勞退新制,將過去雇主一次給予退休金的方式,改為每個月最低提撥 6% 的勞工薪資到勞工專戶中,且專戶改為可攜式。

簡單說就是退休金跟著人走,不會因為換工作而領不到。專戶所有權屬於勞工本人,戶頭裡的退休金可累積帶著走,就

算未來勞保不幸破產，這筆錢仍不受影響，一定領得到。

　　勞動部多次強調自提退休金的好處，每位勞工可依自身經濟狀況，自提 1% 到 6% 不等的退休金。但我並不建議自提，因為自提等同把錢放在銀行無法孳息，甚至還有通膨的風險。

　　所以若想要強迫儲蓄，最好的方法就是定期定額投資。舉例來說，一個月把 6 千元投入 0050，5 年後就有 1 百萬，不需要等到退休年限才提領，而是讓自己更快有底氣。

　　這本書的最後，我整理了 2023 年的台股成績單，給各位讀者參考。

　　台股大盤漲幅 26.83%、含息報酬 31.48%。由表 6-10 可以得知，ETF 報酬率中，含息報酬最高為 00733（富邦臺灣中小 ETF），報酬率達 72.62%；主動基金報酬率冠軍為日盛新台商基金，報酬率為 101.67%。其他大家熟知的高股息 ETF，含息報酬率漲幅也都有 50% 上下。

　　但更進一步看會發現，主動式基金就算是第十名漲幅也有 82%。所以呼應本書一開始跟各位分享的，**要賺錢選主動投資、要享受選被動投資**，也祝福各位在投資路上，都能找到最適合自己的方式！

圖表 6-10 2023 年台股主動被動產品績效

台股基金績效前十名	2023 年淨值漲幅 %	台股原型含息報酬前十名	2023 年含息報酬 %
日盛新台商基金	101.67	00733（富邦台灣中小）	72.62
日盛 MIT 主流基金	93.99	00915（凱基優選高股息）	60.92
日盛上選基金（N 類型）	89.30	00891（中信關鍵半導體）	59.13
日盛上選基金（A 類型）	89.28	00918（大華優利高填息 30）	58.12
日盛台灣永續成長股息基金	87.27	0056（元大高股息）	56.88
路博邁向台灣 5G 股票基金 T 累積級別（新台幣）	87.02	00904（新光台灣半導體 30）	54.75
路博邁向台灣 5G 股票基金 N 累積級別（新台幣）	86.88	0051（元大中型 100）	48.94
野村高科技基金	86.43	00892（富邦台灣半導體）	47.26
野村 e 科技基金	83.50	00919（群益台灣精選高息）	47.74
翰亞菁華基金	87.20	00713（元大台灣高息低波）	46.26

資料來源：Cmoney ／台股基金績效截至 2023.12.28，台股 ETF 績效截至 2023.12.29

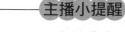

配息型基金在收益分配後，會將每單位的配息金額從基金淨值中扣除，並將資金撥回投資人的帳戶。所以必須透過含息報酬率（即把投資人領走的配息加回計算），才能更準確地反映出基金績效。

【附錄】

粉絲的 10 大投資問題，
小姐姐來解答！

Q1　我買的定期定額商品，可以全是同一個品牌嗎？

粉絲1：小姐姐，我已經定期定額安聯台灣智慧、統一黑馬，和單筆統一高息優選。請問如果再定期定額統一奔騰，同一個品牌會不會太多了？

小姐姐：其實這感覺就像對品牌的執著和喜好，有的人只喜歡某個品牌，所以家俱或收藏的包包都是同一個牌子；而有人什麼品牌都喜歡。

同樣的道理用在選基金上，如果你是新手就先挑不同品牌的明星基金，或是得獎的常勝軍。好比買香奈兒包包時，一定會先買經典方包款，而非季節款。

能歷久不衰或得獎的基金，肯定有能常抱的理由，所以我會建議新手選擇安聯三雄、統一黑馬、統一奔騰或野村優質這幾個標的。

如果一個月只能扣 3 千元，就只選一檔；若有更多資金，我認為可以多檔扣。也可以一個月扣兩檔，一檔各扣 5 千元，也就是總共扣 1 萬元。

不過看起來您已經是市場資深老手，我認為多扣優質基金

無妨。但還是要記得定期檢視績效，只要績效好都可以擁有，
績效差的我則會淘汰。

 **什麼扣款方式，能輕鬆做到用基金養基
金呢？**

粉絲2：上一本書中您提到的母子基金法，就是獲利後單
筆買入平衡型基金，然後每個月用這支基金來養其他基金。基
富通有這樣的自動扣款機制嗎？

小姐姐：目前基富通沒有這個功能，需要自己手動扣款，
但一點也不麻煩。我自己的作法是，設定基金扣款日為 20 號
以後。因為我的基金配息，固定會在每個月16 號到 19 號這個
區間入帳 6 千元。

真的覺得這麼做還是很麻煩的人，可以直接做鉅亨的鉅寶
盆（單筆放 20 萬元）或中租的母子基金（單筆放 18 萬元）。
系統會固定從母基金扣款，子基金達停利點再回到母基金，透
過無腦的紀律投資讓錢錢自己長大。

Q3　定期定額標的，需要分散至幾檔才好？

粉絲3：璇依請問一下，如果月扣16000元定期定額股票型基金，妳會建議投兩檔還是五檔呢？感覺上五檔可以分散一點，這樣的觀念是對的嗎？

小姐姐：五檔可以分散一點觀念是對的，但如果五檔都是買台股基金，也就沒必要了！

分散成五檔的狀況下，可以選台股基金搭配美股科技基金，甚至也能選一檔平衡型。喜歡主題型或其他市場的就能更分散了，例如可以再搭配智慧醫療基金或是印度、越南市場，更能分散市場和風險。

但如果就只愛股票基金，我反倒認為可以月扣8千元台股跟美股科技，各一檔就行。只是別忘了，想享受高報酬，也要能夠接受高波動囉～

Q4 平衡型基金怎麼篩選？母基金的股債比例又該如何？

粉絲4：上一本書中有教我們，如何查看基金內容及個人屬性偏好。但我想找平衡型基金時，卻不知道從哪個入口網站篩選，並同時可以看到書中提到的各種條件？另外也想請問，母基金的股債比建議是多少呢？

小姐姐：先回答網站的問題：可以利用鉅亨網的這個網址，篩選出你需要的平衡型基金。

再回答第二個問題：我通常會建議選擇投資級債，或是平衡型基金（有股有債的）來做為母基金。

Q5 為什麼母基金會是子基金的「金銀彈庫」？

粉絲5：關於上本書中寫到的一個重要觀念：母基金會穩穩上漲，並作為股災時子基金的「金銀彈庫」，想請問這是什麼意思？

小姐姐：我們要先知道母子基金的原理，就是放一筆錢在

母基金，讓這筆錢去扣子基金，一開始設定報酬率加減碼之後，就讓它自己運作。

假設子基金設定 -15% 時要加碼扣款，例如月扣 3 千元加碼至 6 千元，碰到股災時就會觸及，而且可能不只一次。因為母基金有足夠金額，加上子基金設定 15% 停利會再回到母基金，因此母基金會一直長大。所以市場下跌時，它能持續提供銀彈去便宜申購！

Q6 主動基金費用比較高，為什麼小姐姐還推薦呢？

粉絲 5：基金小姐姐我是新手，大家都說定期定額扣款 0050 或是買高股息 ETF，有幫自己加薪的感覺。可是為什麼你和很多老師，都還是建議大家買主動基金。我聽說主動基金費用比較高，跟 ETF 的差別在哪？

小姐姐：投資工具沒有絕對的好壞，ETF 下單方式簡單方便，且可以賺取貼近大盤的漲幅，適合新手投資。但如果想要擁有超額報酬，還是靠主動基金較有機會，因為有優秀的經理人和團隊幫忙選股。

提供一個數據讓你參考：以 2023 年報酬率前十大的台股基金為例，若投資人在前波股市 1 萬 8 千點的高檔時進場（2022 年 1 月），期間雖然經歷俄烏戰爭而大跌超過三成，但持有至 2024 第一季的累計報酬率，平均仍有 45%，勝過加權指數同期間 9.5% 的漲幅。顯示優質台股基金在市場波動下，更有機會創造出優異的超額回報。

　　再舉一個台灣人的國民基金──規模 7 千億的「安聯收益成長基金」，其單一行政費，也就是直接從基金資產扣除的內扣費用，包括經理費、保管費、行政費等，加總後也僅約 1.5%，跟部分台股 ETF 的內扣費用總額差不多。

　　所以事實上，只要是基金都有內扣費用，無論 ETF 或主動基金，都已經在淨值內扣除。反倒是配息型 ETF，更該注意的細節是匯費，長期下來對報酬率也會有影響。

　　不過回歸投資本質，我以績效為導向，端看哪個商品長期下來有好的績效跟超額報酬，內扣費用並不是影響我們選擇的關鍵。

月配息基金 vs. 月配息ETF差別在哪？

粉絲7：月月配現在很熱門我也想了解，請問同樣是月配型基金和月配型 ETF，兩者差別在哪，又該怎麼選擇呢？

小姐姐：其實月配息的債券基金，在台灣已行之有年，金融圈稱為「固定收益商品」。其所謂的固定收益就是債息，跟現在很夯的月月配 ETF，差別在於標的。債券基金的債息來源是債券，通常是固定的；而高股息 ETF 的股息來源是股票。

所以高股息 ETF 當遇到熊市，也就是空頭的時候，有些公司可能無法配息，那麼股息就會縮水。雖然有平準金機制，但在金管會加強動用限制下，不一定可以平滑化每次配息。至於債券基金儘管碰上熊市，配息也不會差太多。

不過無論 ETF 或基金，都要留意的就是「能否填息」。舉例過去熱門的南非幣（在上一本書有不少慘痛的例子），配息率高達 18%，淨值卻一直滑落，那就是標準的「領到股息卻賠了價差」。所以挑債券基金時千別別選南非幣，盡量以投資等級債或是多重資產基金為主。

要留意的是，有些多重資產基金的息來源可能是 REITs

（Real Estate Investment Trust）」，中文稱作「不動產投資信託」，那就比較容易受景氣波動影響。例如雖然 REITs 連結的商品是個不錯的息收來源，但在疫情期間，美國商用不動產的 REITs 仍受到嚴重衝擊。

我個人看好醫院、實驗室、養生醫療中心的醫療保健相關 REITs，這部分可以透過醫療相關基金去佈局。

 美債ETF怎麼選才好？美國還沒確定要降息可以買嗎？

粉絲8：美債這一年來很熱門，我也想搭上降息利多列車。但有些美債 ETF 溢價好高，新發行的美債 ETF 又沒有過去績效可以參考，可以請教璇依的作法嗎？

小姐姐：事實上，投資債券的兩個關鍵是「利率風險」跟「違約風險」，確實不用像股票型 ETF 看過往績效，反倒是應該留意下面幾個角度。

首先，先釐清想投資哪種債券 ETF，例如公債或公司債就有所區別。再來考慮債券評級，也就是你想要最高級的 AAA，或是 A 級以上就好，還是 BBB 你也能接受？一般來說

評級越高、違約率越低，當然殖利率也相對低。

再者要觀察 ETF 的熱門程度，也就是成交量大小。新募集的 ETF 不見得成交量小，反倒是蠻多新募集的債券 ETF，因為入手價格便宜，頗受投資人愛戴。當然熱門 ETF 的流動性較高，所以比較容易買賣。

最後要關注的，則是一再提醒大家的「折溢價」，看到溢價就是買貴了，千萬不要跟風去買到溢價的 ETF！

當前因為降息時間不明，所以債券價格稍有波動。但拉長時間來看，目前價券的價格是相對低點，而且早晚一定會降息，所以若看到帳面一時虧損，也請不要認賠殺出。畢竟儲蓄險您都可以放六年十年了，這個風險低、三年五年就能夠獲利的商品，為什麼不給它多點耐心呢？

Q9　自營商嚴重賣超時，ETF會大跌嗎?

粉絲9：ETF 的價格運作機制到底是什麼？為什麼會常常看到「自營商嚴重賣超」的現象，這會讓我持有的 ETF 大跌嗎？

小姐姐：請務必記得 ETF 的價格只跟淨值有關，淨值跟成分股的股價有關，籌碼是無法影響價格的。但我們可以從自營商買賣超的籌碼，看出 ETF 的熱門程度。

看到自營商賣超，代表投資人買盤踴躍，因為自營商有造市責任。簡單來說，ETF 是投信發行的，投信不能直接賣股票到股市，所以必須經由造市商，也就是各大 ETF 搭配的券商來造市。

例如 2024 年三月底時 00919 買盤超旺，代表市場上想買 00919 的投資人很多。這時券商會去跟群益投信申購 00919，接著把申購來的 00919 放在台股市場裡，賣出給想要的投資人，想申購的投資人就可以買到 00919。而券商每天賣出的 00919，就會登記在大家每天看到的三大法人自營商賣超名單中！

所以像是今年初很熱門的 00939，剛 IPO 就出現自營商賣超，還有之後的 00940，也在上市多天都同樣出現自營商賣超。對此，這些都是幫忙造市，因此自營商賣超越多，意味著申購人數越多。

但相反地，如果你看到自營商買超 ETF，就代表示投資人拋售這檔 ETF 囉！

Q10　請問投資的第一步，該怎麼做才好？

　　粉絲10：看了您的書之後我終於下定決心要投資了！但該怎麼進行還是沒有頭緒，請問我的投資第一步，到底該怎麼做才好呢？

　　小姐姐：最簡單的就是開始定期定額，撥出一部分的收入來投資，3、5 千元就能開始。

　　過去我在寫書的時候，都說從 3 千元就可以開始。但現在我會希望大家把目標設定在 5 千元，首要原因是通膨跟房價高漲，如果你投資的目的是累積資產，就要盡量把本金做大。第二因為錢會貶值，所以至少要以每年年化報酬率 8% 為目標，3% 勝通膨，5% 就是你多賺的。

　　儘管定期定額是老生常談的投資方式，聽來平凡無奇，但面對市場震盪時，的確可以透過紀律扣款帶我們穿越牛市熊市。同時克服追高殺低的人性弱點，避免錯判行情，打造睡得著覺的舒適投資策略。

　　尤其是年輕人或手上本金不多的小資族，用定期定額做為理財的第一步，有很大機會達到掌握人生自由的目標。

　　定期定額最好的標的就是主動基金，根據晨星資料統計，截至 2024 年第一季底為止，規模 100 億元以上的台股基金至少 10 檔。以近十年表現最好的安聯台灣科技基金來看，定期定額報酬率 359%，績效是指數定期定額的 3.5 倍，近 5 年、近 3 年分別也有 120%、58%，績效都是指數兩到三倍水準。

　　當然你也可以定期定額市值型 ETF，如 0050 或 006208，長期下來亦有可觀報酬。

國家圖書館出版品預行編目（CIP）資料

如何賺高股息 ETF 及科技基金：3 年獲利 100% 的紀律投資術！／
詹璇依著. -- 新北市：大樂文化有限公司，2024.05
208 面；17×23 公分（優渥叢書 Money；073）

ISBN 978-626-7422-22-9（平裝）
1. 股票投資　2. 投資技術　3. 投資分析
563.53　　　　　　　　　　　　　　　　　　113004250

Money 073

如何賺高股息 ETF 及科技基金
3 年獲利 100% 的紀律投資術！

作　　者／詹璇依
封面設計／蕭壽佳
內頁排版／王信中
責任編輯／林育如
主　　編／皮海屏
發行專員／張紜蓁
發行主任／鄭羽希
財務經理／陳碧蘭
發行經理／高世權
總編輯、總經理／蔡連壽
出 版 者／大樂文化有限公司（優渥誌）
　　　　　　地址：220新北市板橋區文化路一段 268 號 18 樓之一
　　　　　　電話：（02）2258-3656
　　　　　　傳真：（02）2258-3660
詢問購書相關資訊請洽：2258-3656
郵政劃撥帳號／50211045　戶名／大樂文化有限公司

香港發行／豐達出版發行有限公司
地址：香港柴灣永泰道 70 號柴灣工業城 2 期 1805 室
電話：852-2172 6513　傳真：852-2172 4355

法律顧問／第一國際法律事務所余淑杏律師
印　　刷／韋懋實業有限公司

出版日期／2024 年 5 月 30 日
定　　價／280 元（缺頁或損毀的書，請寄回更換）
Ｉ Ｓ Ｂ Ｎ／978-626-7422-22-9